천개의 우주

CREATION STORIES © 2021 by Anthony Aveni
Originally published by Yale University Press
All Rights Reserved

Korean translation copyright © 2022 by CHUNGRIM PUBLISHING CO., Ltd.
Korean translation rights arranged with Yale University Press London through
EYA(Eric Yang Agency)

이 책의 한국어판 저작권은 EYA(Eric Yang Agency)를 통해
Yale University Press London과 독점 계약한 청림출판(주)에 있습니다.
저작권법에 의하여 한국 내에서 보호를 받는 저작물이므로
무단전재 및 복제를 금합니다.

우리가 잃어버린
세상의 모든
창조 신화 22

천 개의 우주

앤서니 애브니 지음 | 이초희 옮김

"빛나는 별을 보고
길을 갈 수 있던 시대는
얼마나 행복했던가?"

CREATION STORIES

추수밭

한 그루의 나무가 모여 푸른 숲을 이루듯이
청림의 책들은 삶을 풍요롭게 합니다.

조 칼라미아 Joe Calamia와 그의 빛나는 아이디어를 위해

들어가기 전에

거대한 새의 날갯짓이 산골짜기를 만들고, 어부 신이 마법의 갈고리로 해저에서 섬을 끌어올리며, 괴물 황새치들이 바다 밑바닥을 조각하고, 우리가 사는 곳과 똑같은 지하 세상에서 '인간 동물들'이 돌아다니며, 거인의 시체가 오늘날 우리가 바라보는 풍경으로 변하기까지. 이런 놀라운 시각 이미지들은 풍부한 상상력을 자랑하는 세계 이야기꾼들의 마음속에서 창조되었다.

인류 역사 대부분에 걸쳐 사람들은 자연과 문화가 하나며, 우주는 부분과 과정이 하나로 묶여 서로에게 영향을 주는 뚜렷한 전체라고 생각했다. 세상을 주의 깊게 관찰한 사람들은 삶의 가장 기본적인 질문에 대한 답으로 '창조이야기'를 만들어냈다.

이 모든 것이 어디에서 왔을까? 어떻게 시작했을까? 우리는 어떻게 전체와 조화롭게 어울리는가? 이야기꾼들은 역사와 정치, 사람들 사이의 관계, 사후세계에 관한 생각을 우리 현대인이 아니라 그들 자신이 이해할 수 있게 설명할 방법을 구했다. 이야기를 들은 사람들은 보편적이고도 강력한 이야기 속에서 자신들을 중재자로 여기게 됐다. 운명과 자유 의지, 몸과 영혼 사이의 전투가 자신들의 손에 달렸다고 보았다.

《천 개의 우주 Creation Stories》는 인간의 이런 담대한 상상력을 높이 산다. 이 책은 과거와 현재의 다양한 문화권에서 찾은 창조 서사를 하나씩 살펴보며 신화와 과학이 만나는 지점을 탐험한다. 여기서 소개되는 이야기들은 인류가 보편적으로 자연 세계의 리듬에 끝없이 매료되었음을 증명한다. 앞으로 살펴보겠지만 현대 과학이 전하는 '최초의 우주' 이야기는 서양 문명의 특정한 역사가 주도해왔다는 점에서 다른 창조이야기들과 차이가 있다. 그러나 과학의 이야기 역시 다른 창조이야기와 비슷한 주제를 공유한다. 이렇게 여러 서사에서 반복되는 아이디어를 살펴보면 주변 세상의 질서와 양식을 향한 욕구가 우리를 하나로 묶어주는 공통분모라는 사실을 알게 된다.

들어가는 글

태초의 순간은 어떻게 '이야기'가 되었나

어느 교도소의 휴식 시간, 재소자 몇 명이 여느 때와 같이 둥글게 모여 앉았다. 한 사람이 숫자 "168"을 말하자 다들 키득거렸다. 두 번째로 "651"이라고 내뱉자 다시 웃음이 터졌다. 이 재소자는 여세를 몰아 "305"로 더 뜨거운 반응을 끌어냈다. 몇몇은 배를 끌어안고 웃어대기까지 했다. 이 신기한 놀이는 휴식 종료를 알리는 나팔이 울릴 때까지 10분 동안 계속됐다.

어느 날 신입 재소자가 이 비밀스러운 모임에 합류했다. 숫자를 들은 사람들이 키득거리기도 하고 껄껄 웃기까지 하는 걸 보고 신입은 어리둥절했다. 그래서 재소자들이 각자 자기 방으로 돌아간 후 같은 방 동료에게 물었다. "그 숫자는 다 뭡니까?"

동료가 대답했다. "아, 그거요. 그냥 옛날이야기 하는 거요. 우리가 대부분 종신형이라 바깥소식을 모르다 보니 만날 똑같은 옛날 우스갯소리밖에 없어요. 그런데 이야기할 시간이 많지 않으니 그걸 다 정리한 거요. 이야기마다 번호를 붙이고 그걸 외우는 겁니다. 100번대 이야기는 모두 동물 이야기고, 200번대 이야기는 결혼과 이혼 이야기, 그런 식이요. 하나 해보고 싶거든 나한테 목록이 있어요." 동료는 자기 물건을 뒤져 신입에게 두꺼운 종이 뭉치를 건넸다.

한 달이 지나자 신입은 이제 이야기꾼 노릇을 해봐도 좋겠다 싶었다. 귀한 농담 따먹기 시간 15분을 누리기 위해 한낮의 태양 아래 모인 재소자들이 우선 개 두 마리가 소화전의 소유권을 놓고 다투는 "183"번으로 이야기를 시작하자 우리의 초보자도 기회를 포착해 소화전 대신 느릅나무가 나오는 "185"를 불쑥 외쳤다. 아무 반응이 없었다. 살짝 웃어주는 사람도 없었다. 신입은 의연하게 "273"으로 주제를 바꿨다. 이번에도 쥐 죽은 듯 조용했다. 그는 세 번 더 목소리를 높였지만 그때마다 점점 자신감이 꺾였고 계속 실망스러운 결과를 얻었다.

시무룩하게 방으로 돌아온 재소자는 아래층 침상에 털썩 주저앉아 한숨을 쉬며 동료에게 물었다. "이해가 안 돼요. 지난주에 댁이 '273'이라고 했을 때는 다들 자지러지듯 웃어댔고 '183'도 마찬가지였소. 내가 '185'라고 했을 땐 왜 그런 거요? 내가 뭘 잘못한 거요?" 동료는 고통스러운 듯 얼굴을 찡그리며 침묵하더니 사실대로 말했다. "받아들여요. 어떤 사람은 이야기할 줄 알지만 어떤 사람은 몰라요."

페리스 자브르Ferris Jabr는 《하퍼스Harper's Magazine》에 기고한 글에서 이야기를 "일시적으로 현실을 대체하는 연출된 환각"이라고 썼다. 이야기에는 이야기만의 삶이 있다. "이야기는 우리에게 자기를 전달하라고 강요하고, 한 번 전해진 이야기는 부풀려지고 변형되기 시작한다. … 이야기는 시선을 끌고 되도록 많은 이들의 마음에 들기 위해 서로 경쟁한다. 또한 서로를 찾아내 뒤섞이고 늘어난다."1 가장 효과적인 이야기는 잘 변하는 이야기며, 이야기할 줄 아는 자들은 다양한 청중의 관심을 끌기 위해 인물과 상황을 어떻게 바꿔야 하는지 안다. 인류학자들은 이를 '신화적 대체'라고 부른다.

안데스 산맥 고지대의 라마와 크리아(새끼)가 여우에게 쫓기는 별자리 이야기를 예로 들어보자. 이 이야기가 동쪽 아마존 분지의 열대 우림으로 퍼지사 포식자 여우는 재규어가 되어 초식동물 맥을 쫓아 하늘을 가로지른다. 생물 분포지역 두 곳 사이의 구릉지대에서는 맥이 사슴이 되었다. 더 남쪽으로 내려가 칠레

남부와 아르헨티나의 그란차코 초원에 이르자 두 별자리는 개와 레아(남아메리카 타조)가 됐고 이때는 라마와 비슷한 타조의 긴 목 때문에 하늘에서 쫓고 쫓기는 동물의 위치가 바뀌었다.

창조이야기는 흔히 신화라 불리지만 '신화 myth'라는 단어에는 나를 괴롭히는 이중의 의미가 있다. 우선 신화는 종종 자연현상이 나오고 초자연적인 존재가 등장하는 옛날이야기다. 그러나 환상이나 망상에 따른 잘못된 믿음이고 순전히 지어낸 사고방식이라고 여겨지기도 한다. 이 두 번째 관점의 신화는 베일에 가려지거나 날조된 진실이며, 과학이 정체를 폭로해 진실로 대체해야 하는 비현실적 상상의 산물로 해석된다. 하지만 자신이 경험한 사건을 일상의 믿음과 관습에 연결하여 신화를 이야기하는 사람들에게 그것은 인간 경험의 타당하고 본질적인 진실을 보여준다. 동지를 축하하는 로마의 축일 디에스 나탈리스 솔리스 인빅티 Dies Natalis Solis Invicti(정복할 수 없는 태양의 탄생일)를 예로 들어보자. 이 축일의 배경이 되는 이야기는 기원전 15세기 인도·이란에서 발전한 빛의 신 미트라 설화로 보인다. 미트라는 매년 황도 12궁(태양이 지나다니는 궤도에 위치한 12개의 별자리)을 모험하며 발아래 사는 모든 이들을 항상 지켜보고 보호하는데, 자신이 가장 낮은 위치에 있을 때는 사람들에게 부활을 부탁하라고 요구한다.

이렇게 동지를 기념하는 축제는 전 세계에서 발견되었고, 지금도 동지는 태양신이 겨울 하늘의 가장 낮은 지점이자 중요한 전환점에 도착했을 때 이를 알리고 축하하는 기간으로 남아 있다. 실제로 세계의 모든 문화가 가장 어두운 겨울이 찾아오고 무엇보다 햇빛을 필요로 할 때 자연의 빛이 귀환하는 시기가 찾아왔음을 인지하고 축하했던 것으로 보인다. 초기 기독교인들은 세상에 빛을 가져오는 구세주의 탄생 이야기를 전하기 위해 로마의 디에스 나탈리스를 변형했다. 이 이야기의 클라이맥스는 구세주가 죽고 부활절에 다시 살아나는 부분이다. 나도 종교는 없지만 길고 추운 겨울 끝에 날이 따뜻해지며 눈이 녹고 앞마당에 처음으로 새싹이 돋아나는 걸 보면 기쁨을 느낀다. 모두 태양이 동지점을 지나면서 낮이 점점 길어진 덕분이다. 위대한 태양의 전환에 감정적으로 대응하는 내 태도에 진실은 없는가? 먹고 말하고 노래하고 행동하는 계절의 상징은 태양 궤도가 바뀌며 봄과 새 빛을 경험하는 우리의 모습을 사실적으로 전달하지 않는가? 그러므로 신화의 둘째 정의는 버리자. 내가 이 책에서 전하는 창조이야기는 순전히 '지어낸 이야기'가 아니다.

과학으로 단련된 사람들은 '빅뱅 이론' 말고는 창조이야기에 관심이 너무 없는 것 같다. 이들은 대개 다른 문화의 세계창조이야기가 인간과 동물 세계의 경험을 그대로 보여주는 우주를 상상하기 때문에 순진하다고 여긴다. 이런 이야기들은 홀로 존재하는 우주를 다루는 빅뱅 서사와는 다르다. 빅뱅의 우주는 과학자들이 관찰하고 실험할 수 있으며 결과에 따라 '진짜로' 일어나는 일에 대한 해석을 변경할 수 있는 곳이다. 어떤 사람들은 다양한 자연 현상의 실체를 이해하지 못한 고대인들이 자연을 쉽게 설명하기 위해 신화를 발전시켰다고 결론짓는다. 과학을 전공한 다른 학자들은 시대에 걸쳐 축적된 지혜와 기술이 없었던 조상들이 환경을 잘못 해석해 필요 없는 '영혼'을 집어넣고 잘못된 전제에 따라 유치하게 해석했다고 이야기한다. 최고의 과학 교육을 받은 사람들에게 모든 자연에 생명이 깃들어 있고 자연의 특성이 사람들에게 전해질 수 있으며 물질이 모두 제 뜻에 따라 움직인다는 생각은 거의 가치가 없다. 그런 창조이야기가 이야기를 전하는 사람들의 일상을 얼마나 효과적으로 인도하는지는 상관이 없다.

그러나 신화에 합리적 꼬리표를 붙이려는 사람들은 문제의 본질을 놓친다. 우리가 이 책에서 마주하게 될 이야기들이 현대 과학의 빅뱅 이야기와 확연히 다른 점은 의미와 목적을 찾는 인간의 탐구 정신이 깃들어 있다는 점이다. 이런 창조이야기에는 사람들이 직접 참여한다. 이들은 초자연적인 힘과 대화하고 호의와 자비를 바라는 마음으로 제물을 바치고 장대한 무대 위에 펼쳐진 위대한 인간 드라마에서 자신의 역할을 확보하기 위해 창조 신화를 다시 이야기하는 의식을 치른다. 그리고 형상화뿐 아니라 비유와 은유 같은 시의 문법을 사용해 이야기를 전한다.

이와 대조적으로 현대 과학은 수십억 년 전 발생해 모든 것을 존재하게 만든 대변동 사건을 중심 주제로 두고, 우리에게 통제권이 없는 엄청난 격동 드라마의 여파를 서술한다. 여기에는 나중에 인간을 탄생시키는 소우주의 씨앗도 있지만 우리는 등장인물에 전혀 이름을 올리지 못한다. 우리의 이야기는 대본 밖에 존재한다. 이런 과학 이야기에서 우리가 할 수 있는 것은 홀로 존재하는 우주의 조건 변화를 기록하는 일뿐이다. 현대의 창조 서사는 인간의 의미 탐구와 관련된 단서를 전혀 갖추지 않았다. 그리고 신화와 달리 추상적이고 기하학적인 과학 언어를 사용해 주장을 펼친다. 예를 들어 현대 과학자들은 디에스 나탈리스를 전혀 다르게 이야기할 것이다. 겨울의 일조 시간 변화를 보여주는 도표를 삽화와 함께 구성하고, 여러 위도·시간·날짜에 따라 한 지형에 내리쬐는 태양에너지의 양, 즉 일사량을 계산할 것이다. 이런 자료를 다양한 식물의 발아 시기, 곰과 비버가 겨울잠을 끝내는 시기, 일일 최고 기온과 최저 기온, 강우량 기록 등과 연결할 수도 있다. 이렇게 정량적으로 도출한 진실을 묶으면 신을 배제한 이성적인 형태로서 계절에 따라 변하는 태양 구체의 이야기가 탄생할 것이다.

베스트셀러 이야기꾼 앨런 와츠Alan Watts의 의견에 따르면 사람들이 대대로 기원에 관해 던진 네 가지 기본 질문이 있다. 첫째, 누가 시작했나? 둘째, 우리가 만들 것인가? 셋째, 어디에 둘 것인가? 넷째, 누가 치울 것인가?[2] 잘 알려진 보도의 5W 원칙을 적용하면 이 강렬한 질문들은 '나는 누구인가?', '나는 여기서 뭘 하고 있나?', '나는 어디에서 왔나?', '언제 이 모든 일이 일어났나?', '나는 왜 여기에 있나?'가 될 것이다. 여기에 종종 추가되는 H 질문은 '이 모든 일이 어떻게 일어났나?'다. 여기서 일인칭 대명사를 우주로 바꾸면 창조이야기는 '우주발생론cosmogony'(세계 kosmos와 낳다gonia의 합성어)이라는 한껏 꾸민 과학 용어가 제기하는 가장 간결한 문제에 도달한다.

누가 어떤 조건에서 묻는지에 따라 기원에 관한 질문은 더 구체적이고 정제된 형태가 된다. 우리는 무엇을 두려워하는가? 우리는 왜 죽는가? 우리는 죽어서 어디로 가는가? 왜 서로 다른 성, 인종, 언어가 있는가? 하늘의 빛은 어디에서 왔는가? 또 우리 몸의 그 많은 구멍에서 나오는 물질은 모두 무엇인가? 창조이야기들은 그런 질문에 답하려는 인간의 초기 시도 가운데 하나를 대변한다. 그리고 이야기가 언론인들의 표현대로 '채택 가능성'이 있어서 얼마나 오랫동안 살아남을지는 주로 이야기꾼에게 달려 있다.

스페인 북부 해안의 알타미라 동굴에는 세계 어떤 그림보다 진짜처럼 보이는 들소, 말, 뿔 달린 거대 사슴 등이 고대 목탄화와 채색화로 그려져 있다. 프랑스 남서부 도르도뉴 지역의 라스코 동굴 벽에는 퓨마, 현대 소의 조상 오록스, 그 밖에 사람들과 어울려 살던 동물들이 그려져 있다. 창작자는 숙련된 솜씨와 날카로운 시선으로 미학적 수준에서 현대 예술가들과 견주어도 손색이 없는 작품을 만들었다. 고고학자들이 방사성 탄소 연대법으로 측정한 결과 이 정교한 이미지의 제작 시기는 적어도 유럽의 마지막 빙하기 전 후기 구석기시대 또는 신석기시대였던 기원전 2만 년으로 거슬러 올라간다. 1994년 프랑스 남부 쇼베 동굴에서 발견된, 똑같이 눈길을 사로잡는 그림은 그보다 만 년 앞선 오리냐크 문화 시기까지 올라갈 수도 있다. 이 동굴에는 말, 털북숭이 코뿔소, 큰 고양이, 곰, 앞서 등장한 오록스 외에도 음문 모양의 인간 신체 일부, 아마도 나비로 추측되는 새처럼 생긴 동물, 폭발하는 화산, 손바닥 자국, 탤리 마크처럼 생긴 표식이 있다. 모두 위대한 이야기가 여럿 될 수 있는 재료다.

어떤 사람들은 예술가들이 식량으로 사냥한 동물뿐 아니라 안전한 사냥을 위해 미리 죽여야 하는 가장 두려운 동물들도 그렸다고 해석한다. 내 책 《별 이야기 Star Stories》의 서문에서 나는 이 이미지들이 사냥에 앞선 의식의 일부라고 추측했다.[3] 동굴 그

림 앞에 피워둔 불가에 사람들이 모여 있고 흐릿하게 밝혀진 벽에 이들의 그림자가 어른거리는 모습을 상상해보자. 이 중 한 명이 전에 죽인 동물의 마른 가죽과 가지 모양의 뿔을 몸에 걸치고 있고, 사냥꾼이 손에 곤봉을 든 채 그에게 맞섰을 수도 있다. 이들은 사냥 장면을 연출하면 그 일이 실제로 일어난다고 믿었을까? 다른 관찰자들은 순수하게 미학적 목적으로 창조된 것으로 보이는 일련의 상징적 그림에 주목한다. 예를 들어 말머리 여러 개를 그린 그림은 그 형태를 연구하려고 했음을 시사한다. 혹시 여러 예술가가 대가의 지시 아래 함께 그림을 그렸을까? 아니면 선사시대의 예술 앞에서 돌고 도는 이야기는 단지 원시 조상에 가까이 가고 싶은 우리의 욕망을 반영할 뿐일까?

당시에 언어가 잘 발달했다면 직접 그림을 그린 예술가들은 알타미라, 라스코, 쇼베 동굴 그림 앞에 서서 어떤 질문을 품었을지, 그 질문은 어떤 이야기에 영감을 주었을지 궁금하다. 분명 그 가운데 몇 가지 질문은 마지막 빙하기 이후 수천 년이 지난 후 동굴에 들어갔다가 장엄한 작품을 바라보게 된 사람들에게도 똑같이 떠올랐을 것이다. 그때는 벽에 그려진 동물 중 많은 수가 더는 그 지역 풍경의 일부가 아니었다. 동물들은 더 풀이 많은 초지로 옮겨갔거나 멸종했다. 마지막 관찰자들은 궁금했을 것이다. 이 위대한 작품들은 어디에서 왔나? 어떻게 왔나? 누가 만들었고 그들은 어떻게 됐을까? 무슨 의미일까? 우리가 오늘날 던지는 질문과 같은 내용이다.

 일부 학자들은 글자가 발명되기 전에 살던 사람들을 묶어 전통 문화 또는 몰역사적 문화에 넣어야 한다고 고집한다. 하지만 우리가 그러듯, 사람들이 과거에 일어난 일을 이야기하는 한 그들은 마음속 가장 중요한 환경과 질문에 맞게 시간에 따라 변화하는 이야기를 창조하고 들려줄 것이다. 우리는 동굴 벽화가 그려지기 최소 백만 년 전에도 사람들이 도구와 보석을 제조했고 죽은 이를 보살피는 복잡한 장례 문화를 발달시켰고 심지어 그림도 그렸다는 것을 안다. 그들은 주변 세상을 경험하는 데 필요한 감각과 이를 표현하는 데 필요한 기술을 모두 가지고 있었다. 이런 기술에는 위험과 죽음을 향한 두려움과 지속과 안정을 바라는 희망을 담아 서사를 창조하는 능력도 포함된다. 첫 번째 창조이야기는 신화의 수많은 첫 줄과 마찬가지로 다음과 같이 시작했을 것이다. "옛날 옛적에…."

오늘날 창조이야기를 편찬하는 사람들은 대부분 종교 역사의 원칙을 따른다.[4] 이런 학자들은 주로 일신교와 다신교 체제 사이의 유사점 및 차이점과 신화의 유형 분류에 관심을 둔다.[5] 가장 널리 알려진 것은 다섯 종류의 창조 신화다. 성서의 창세기에도 등장하는 가장 친숙한 무無로부터 일어나는 창조, 아무 구분이 없는 카오스chaos 상태에서 원시적 요소 또는 알 같은 실질적 물질이 탄생하는 것으로 표현되는 창조, 고정된 원시 상태에서 세상의 부모가 결합하거나 분리되는 등 어떤 변화가 일어나는 창조, 땅이나 하늘의 구멍 등에서 나타나는 창조, 끝으로 어떤 인물이나 힘이 태초의 물로 뛰어들며 나타나는 창조가 있다. 내 이야기는 이러한 분류법과는 초점이 다르지만 이들 중 적용되는 시나리오 또는 유형이 있을 때는 언급하고자 한다.

인간은 어떤 특성 때문에 삶의 이야기를 땅과 하늘의 풍경에 연결하려고 할까? 한 호기심 많은 인류학자가 젊은 나바호족 Navajo 여성에게 이 질문을 던진 일이 있다. 그 여성은 놀랍도록 간결하게 '생각의 질서를 바로잡고 나쁜 일이 일어나지 않게 하기 위해서'라고 답했다. 문화를 연구하는 인류학자들도 연구 대상의 창조이야기를 전달할 때가 있다. 그들은 보통 발생 지역과 분리될 수 없는 이런 이야기들을 정보 중심으로 상세하게 기록한다. 하지만 인류학자들의 작업은 문화에 초점을 맞추기 때문에 다양한 민족 간의 창조 설화를 비교하지는 않는다.

"신화는 의식 이전의 정신을 근본적으로 드러내는 것이며 무의식적으로 일어나는 일에 대한 본능적 진술이지 물리적 과정의 알레고리가 아니다." 융 심리학파의 비교 우주론자들은 이렇게 말하며 신화의 기원은 집단 무의식에서 찾을 수 있고 신화의 인물과 사건은 생각하는 존재들의 모든 문화에 공통으로 나타나는 원형의 표현이라고 주장한다.[6] 그러므로 모든 신화 아래 공통 양식이 깔려 있으며 우리가 할 수 있는 경험은 모두 영원한 초월적 근원에서 유래하고 이는 인간 사고의 정신적 통일성을 강화한다고 본다. 예를 들어 사후세계를 원하는 욕망과 먹으면 그곳에 갈 수 있는 마법의 물질이 존재한다는 믿음은 사람들이 조상과 소통하는 방법으로서 특정 식물과 음료를 처음 접하기 전에 이미 존재했다. 청춘의 샘을 찾아다닌 16세기 스페인 탐험가 폰세 데 레온Ponce de León을 생각해보라. 다시 말해 양식이 먼저 존재하고 나중에, 일테면 주술사가 약물의 효과를 느꼈을 때 실행에 옮겨지는 것이다. 하지만 무엇이 더 먼저 일어났을지 우리 자신에게 물어봐야 할 수도 있다. 시간과 공간의 제약에서 해방된 영혼들이 사는 사후세계라는 개념이 먼저일까, 아니면 일상적인 시간과 공간에서 벗어나게 해주는 환각 식물을 발견한 후 그 식물을 먹은 사람들이 새롭고 비범한 경험이라는 개념을 갖게 된 것이 먼저일까? 어쩌면 융 심리학자들의 생각은 앞뒤가 바뀌었을 수도 있다.[7]

이렇게 정립된 창조 신화 접근법과 반대로, 나는 이야기를 전하는 사람이 풍경에서 무엇을 경험하는지에 초점을 맞출 것이다.[8] 풍경을 단순히 우리 주변에 보이는 산, 개울, 강, 건물, 지평선 등으로 생각해선 안 된다. 풍경은 땅과 하늘과 '사람'의 혼합물이다. 대개의 창조이야기에서는 사람과 장소를 분리할 수 없다. 풍경은 각 부분이 함께 움직이는 분명한 전체로 인식된다. 또한 숨 쉬고 맥박이 뛰고 상호작용하며 생생하게 살아 있다. 주변 세계를 주의 깊게 관찰한 자들이 정치, 역사, 사회적 관계, 사후세계에 관한 생각의 전개를 합리적으로 설명하기 위해 창조신화를 설계했다. 뛰어난 이야기꾼들은 눈에 보이는 세상에서 일어나는 일과 그들에게 중요한 인간 활동의 거의 모든 단계 사이에 영속적인 연결고리를 구축했다. 이야기를 듣는 사람들은 자신을 강력하고 보편적인 이야기의 중재자로 이해하게 됐다. 운명과 자유 의지, 신체와 영혼 사이의 전투가 자신들의 손에 달렸다고 보았다.

이 책은 공간과 시간과 문화를 가로지르고 과거와 현재를 아우르는 여행으로 독자를 이끌 것이다. 그 여정을 따라가면서 인간이 우주를 이해하기 위해 찾은 방법들을 공유할 것이다. 특히 우리의 경험을 결정하는 세계의 다양한 자연 현상을 우리가 끝없이 다르게 이해할 때 신화와 과학이 어떤 도움을 주는지 살펴볼 것이다.

차례

들어가기 전에 007
들어가는 글 태초의 순간은 어떻게 '이야기'가 되었나 009

0장 ~~~~~~~~~~~~~~~~~~~~~~~~~~~~~~ 028
창조의 풍경

제1부 산

1장 ~~~~~~~~~~~~~~~~~~~~~~~~~~~~~~ 050
누가 올림포스산에서 신들의 왕이 될 것인가 _남유럽

2장 ~~~~~~~~~~~~~~~~~~~~~~~~~~~~~~ 061
중국의 풍경은 왜 기울어졌나 _동아시아

3장 ~~~~~~~~~~~~~~~~~~~~~~~~~~~~~~ 068
네 가지 색깔로 이루어진 나바호족의 우주 _북아메리카

4장 ~~~~~~~~~~~~~~~~~~~~~~~~~~~~~~ 083
태양을 창조한 아즈텍 영웅의 위대한 희생 _메소아메리카

5장 ~~~~~~~~~~~~~~~~~~~~~~~~~~~~~~ 093
안데스 산맥에서 펼쳐진 가난한 신의 전투 _남아메리카

6장 ~~~~~~~~~~~~~~~~~~~~~~~~~~~~~~ 103
대지의 소금을 불러온 아마존 여신의 변신 _남아메리카

제2부 물길

7장 114
바빌로니아 신은 어떻게 물과 인간을 지배했는가 _서아시아

8장 123
나일강을 아우르는 모든 창조의 기원, 벤벤 _아프리카

9장 131
거대한 나이저강이 되어 흐르는 사람의 아들, 만데 _아프리카

10장 140
틀링깃족을 위기에서 구한 큰까마귀의 활약 _북아메리카

제3부 동굴

11장 155
꿈의 시대에 동굴 속에서 생명을 창조한 여신 _오세아니아

12장 160
지하세계와의 전투에 이은 마야족 생명의 새벽 _메소아메리카

13장 171
신성한 동굴의 문을 지나 탄생한 잉카의 조상 _남아메리카

제4부
섬

14장 ————————————————————————————— 181
끊임없이 폭풍우와 싸우며 탄생한 천 개의 섬 _폴리네시아

15장 ————————————————————————————— 188
마우이는 어떻게 하와이 제도를 들어 올렸나 _폴리네시아

16장 ————————————————————————————— 194
도부섬 사람들이 팔롤로 벌레를 먹는 이유 _오세아니아

17장 ————————————————————————————— 201
부부의 힘겨운 육아로부터 탄생한 일본 열도 _동아시아

18장 ————————————————————————————— 209
동물들의 도움으로 만들어진 호데노쇼니족의 섬 _북아메리카

19장 ————————————————————————————— 216
체로키족 사람들은 왜 아이를 적게 낳았나 _북아메리카

제5부 극지방

20장 ──────────── 225
거인의 시체로 만들어진 세상의 기원과 종말 _북유럽

21장 ──────────── 233
이누이트 조상들이 하늘에서 벌이는 축구 경기 _북아메리카

22장 ──────────── 241
지구 최남단 해협에서 벌어진 무서운 전투 _남아메리카

나오는 글 고대 그리스에서 현대 빅뱅까지　　　　　　　247
감사의 말　　　　　　　　　　　　　　　　　　　　258
주석　　　　　　　　　　　　　　　　　　　　　　　260
그림 출처　　　　　　　　　　　　　　　　　　　　294

0장
창조의 풍경

태초에 하나님이 천지를 창조하시니라. 땅이 혼돈하고 공허하며 흑암이 깊음 위에 있고 하나님의 영은 수면 위에 운행하시니라. 하나님이 이르시되 빛이 있으라 하시니 빛이 있었고 빛이 하나님이 보시기에 좋았더라. 하나님이 빛과 어둠을 나누사, 하나님이 빛을 낮이라 부르시고 어둠을 밤이라 부르시니라. 저녁이 되고 아침이 되니 이는 첫째 날이니라.

하나님이 이르시되 물 가운데에 궁창이 있어 물과 물로 나뉘라 하시고, 하나님이 궁창을 만드사 궁창 아래의 물과 궁창 위의 물로 나뉘게 하시니 그대로 되니라.

하나님이 궁창을 하늘이라 부르시니라. 저녁이 되고 아침이 되니 이는 둘째 날이니라. 하나님이 이르시되 천하의 물이 한 곳으로 모이고 뭍이 드러나라 하시니 그대로 되니라.

_창세기 1장 1~9절(개역개정판)

성경의 첫 권 창세기는 많은 사람들에게 가장 친숙한 창조이야기다.[1] 현대 성서학자들의 연구 결과 기원전 6세기에서 5세기 사이 여러 저자들에 의해 쓰였다고 여겨지는 창세기는 오랫동안 서구 전통의 중추를 형성해온 창조이야기 가운데 하나다.

'창세Genesis'는 세상의 기원을 뜻하며 모든 기원 신화는 시간 감각으로 시작한다. 이 이야기에서 우리는 무수한 심장박동 같은 시간 감각을 느낄 수 있다. "하나님이 이르시되…", "…하시니 그대로 되니라"와 같이 반복되는 구절에서 글이 등장하기 훨씬 전, 이야기를 노래로 부르거나 입을 모아 함께 외치던 방식을 짐작할 수 있다.

창세기는 질서정연한 창조를 이야기한다. 신은 '엑스 니힐로 Ex nihilo'(무에서) 오직 말씀의 힘으로 처음에 하늘을 만들고 땅을 만든 다음 낮과 밤을 혼돈에서 분리한다. 이후 초목, 날짜를 배분할 천체, 동물을 만든 후 마지막으로 사람을 창조한다.

하나님이 이르시되 땅은 생물을 그 종류대로 내되 가축과 기는 것과 땅의 짐승을 종류대로 내라 하시니 그대로 되니라.

하나님이 땅의 짐승을 그 종류대로, 가축을 그 종류대로, 땅에 기는 모든 것을 그 종류대로 만드시니 하나님이 보시기에 좋았더라.
하나님이 이르시되 우리의 형상을 따라 우리의 모양대로 우리가 사람을 만들고 그들로 바다의 물고기와 하늘의 새와 가축과 온 땅과 땅에 기는 모든 것을 다스리게 하자 하시고
_창세기 1장 24~26절

창세기의 창조이야기를 쓴 사람이 누구든지 간에 그는 질서정연한 세상을 믿어야 했다. 이 세상은 의도와 목적이 있으며 특별히 인간을 염두에 두고 창조됐고 무엇보다 선한 곳이다.

실제로 창세기는 우리가 '자연 세계'라 부르는 곳에 어떤 우주적 힘이 미치고 있는지에 대해서는 거의 밝히지 않고, 초반 아홉 장에서 '선하다'라는 단어를 자주 반복하며 '어떻게 선한 삶을 살 것인지'에 더 초점을 맞춘다.

창세기의 시간 구성은 공간 질서와 평행을 이룬다. 이 질서는 '옳고 그름'과 '선과 악'이라는 감각과 함께 위계질서도 나타낸다. 우리가 '말씀'에 맞춰 그림을 재구성한다면 층층이 겹친 우주가 나타날 것이다. 고대의 창조이야기를 새 시대에 적용할 수 있다는 증거다.

성서학자들은 창세기의 창조 신화가 출애굽기 이후 쓰였다

하르트만 셰델의 1493년 작품 《뉘른베르크 연대기》에 수록된 창세기의 7일을 나타낸 그림.

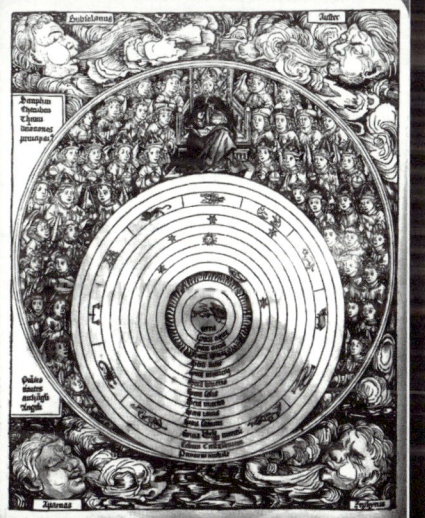

고 생각한다. 출애굽기는 노예였다가 이집트의 핍박에서 살아남아 신의 인도로 새 땅에 정착한 이스라엘 민족의 등장을 알리는 이야기다. 태고 때에 존재했고 다른 신화에도 대부분 등장하는 자연 현상은 구약성서에서 '야훼' 또는 '여호와'라 불리는 신이 자신을 표현하는 기본 형태가 아니다. 대신 신은 인간 역사의 사건에서 드러나고 어둠과 물, 낮, 하늘, 땅, 초목, 천체, 파충류, 새, 다른 동물들, 마지막으로 사람들을 지으셨다는 창조 순서에서 드러난다.

이스라엘인들은 남들과 확실히 구별되는 민족이 되고자 야훼를 수호신으로 선택했다. 하지만 이들의 창조이야기를 흔치 않은, 또 역사학자들의 판단대로 지속력 있는 이야기로 만든 것은 다른 신을 섬기면 안 된다는 전통이었다. 이는 '야훼 단독' 창작물이며 일신교의 시작이었다. 창세기에서 사람을 만들 때 언급되는 "우리"는 기원전 5세기와 6세기 이미 중동에 존재했으며 경쟁하던 다신교의 창조 신화를 반영하는 표현이다.

창세기에는 좀 더 직접적인 창조 과정을 다루는 두 번째 이야기가 2장 4절부터 23절에 나온다. 모든 생명의 원천인 흙에서 '아담'이라는 사람이 만들어진다. 신은 창조자이자 장인이 되어 흙 한 덩어리로 사람을 만들고 앞서 만든 환경에 내놓는다. 신은 인간 종족이 혼자 있기보다는 성별이 다른 남자와 여자가 짝을 지으면 더 좋겠다는 생각에 이브를 창조한다. 최초의 한 쌍은 악과 부딪치며 지위가 더 높은 권위자 밑에서 사는 문제로 인해 분투한다. 이는 우리가 나중에 살펴볼 그리스의《신들의 계보 Theogony》와 바빌로니아의《에누마 엘리시Enuma Elish》창조이야기에서 새롭게 창조되는 신들의 세대가 맞닥뜨리는 문제와 같다. 물론 잘 알려진 대로 사과를 한 입 깨물면서 인간이 추락하기 시작하지만, 천체 만물이 질서를 향해 나아가듯 인간도 다시 일어선다. 그는 궁극적 구원을 향한 일련의 행위를 통해 혼돈의 기원으로부터 제자리로 돌아온다.

두 번째 창조이야기는 비록 과거 역사적 사건들에서는 조화와 불화가 번갈아 일어났지만 결국 모든 것이 세상의 질서로 이어진다는 생각을 강조한다. 우선 신은 정의롭고 조화롭고 행복한 환경을 창조했는데, 이곳은 신이 정한 법을 인간이 따른다는 약속으로 충만한 곳이다. 그러나 인간이 창조한 부조화로 인해 세상에 부정과 죄가 깃든다. 인간은 죄를 지어 법을 어길 때마다 불려가 심판을 받는다. 오직 신성하고 정의로운 행위만이 균형을 다시 가져올 수 있고, 용서받아 변화하고 죄를 뉘우치는 사람을 질서정연한 세상에 놓여보낼 수 있디. 카인과 아벨, 에덴동산에서 아담이 느낀 유혹, 노아와 홍수, 바벨탑 이야기는 이렇게 오르내리는 패턴과 긴장감 이후 찾아오는 편안함을 보여준다. 예를 들어 카인과 아벨 이야기에 나타나는 사건을 순서대로 살펴보자.

1. 카인의 추락. 카인은 질투심 때문에 동생을 죽여 법을 어긴다.
2. 카인이 불려가서 심판받는다.
3. 처벌이 내려진다. 카인은 아무리 열심히 일해도 땅에서 결실을 얻지 못한다.
4. 카인이 회복한다. 신은 카인에게 표식을 주어 외부로부터 그를 보호한다.

많은 초기 신화와 마찬가지로 성서이야기 안에 들어 있는 순환적 시간 감각은 중요한 기간을 백만 년 혹은 십만 년 단위로 측정하는 현대 지리학이나 천문학의 절대적이고 직선적인 시간 감각과 정반대다. 이야기에서 기간보다 중요한 것은 사건의 순서이며 순환하는 역사 속 시간의 흐름에 공명하며 화음을 이루는 숨은 의미다. 시간이라는 화살의 머리는 꼬리를 향한다. 한 번 일어난 일은 두 번째는 조금 내용이 다르더라도 다시 일어난다. 카인이 몰락한다. 그리고 회복한다. 하지만 다음 차례에는 달라진다.

나는 우리가 출애굽기를 읽는 방식이 모든 창조 신화를 대하는 방법을 알려준다고 생각한다. 특히 상상력이 부족한 현대인에게 다음과 같은 교훈을 준다. '자신이 이해하지 못한다고 해서 가치 없는 이야기라고 치부하지 말라.' 성서학자들은 대부분

출애굽기의 극적인 이야기가 적어도 일부는 실제 사건을 바탕으로 이루어졌다고 믿는다. 그 안에 진실이 없다면 왜 이국땅에서 노예가 된 힘없는 민족의 관점을 강조하는 이야기를 만들겠는가? 역사 연구에 따르면 이집트 노예 가운데는 셈족이 포함돼 있었다고 한다. 그들 가운데 일부는 분명 탈출해서 시나이 반도를 건넜을 것이고 이곳에서 북쪽으로 새롭게 진출하는 이스라엘인들과 합해졌을 것이다. 그런 이야기들을 모아내고 섞고 다시 이야기하면서 우리가 구약성서에서 읽는 대서사시가 생겨났을 것이다. 결국 역사적 사실만큼 중요한 것은 여기 담긴 이야기와 의미다. 그리고 신화의 지식은 절대 순수한 허구를 양식으로 삼지 않는다.[2]

창세기와 출애굽기가 우리가 자연 세계라 부르는 곳에 미치는 우주의 힘을 상세하게 제시하지는 않지만, 출애굽기의 경로는 분명한 자연환경을 언급한다. 얌 수프 Yam Suph (갈대 바다)라고도 하는 홍해는 수에즈만을 일컫는 것으로 보인다. 어떤 전설에 따르면 야훼는 이곳에서 파라오와 군대를 바다 깊이 던져버렸다고 한다. 할리우드가 좋아하는 다른 설명에서는 모세가 강한 바람으로 바다를 가르고 마른 땅이 드러나게 해 이스라엘 사람들이 무사히 건너자 바다가 원래 깊이로 되돌아와서 뒤쫓아오던 압제자들이 물에 빠졌다고 한다. 합리적으로 실제 일어난 일이라고 설명할 수 있을까? 이스라엘 사람들이 꼭 필요할 때에 물이 심하게 빠져서 도움이 됐을까? 어쩌면 이집트인들은 썰물의 혜택을 못 받은 걸까? 어떤 과학자들은 얕은 바다에서 바람으로 일어나는 파도의 움직임을 연구하기 위해 수학 방정식 체계를 고안했다. 한 연구에서는 스물네 시간 동안 평균 시속 110킬로미터로 계속 바람이 불면 수에즈만 북부의 수심이 낮은 암초 지역의 물을 거의 날릴 수 있다는 결론을 냈다.[3] 그리고 도망치던 이스라엘인들은 바닷물이 정상 수위로 돌아오기 전 네 시간 만에 걸어서 물을 건넜을 것이다. 과학이 신의 기적을 피할 수 있는 똑똑한 방법을 찾아냈다! 하지만 신학자 마르틴 부버Martin Buber가 말했듯이, 기적은 이야기가 그 이야기를 기적으로 받아들일 준비가 된 사람들을 만날 때 일어나는 일이다.[4] 무슨 일이 일어났든 사람들이 그 일을 어떻게 해석했느냐가 가장 중요하다. 그리고 훗날에 알게 됐듯이, 이스라엘인들이 이집트를 빠져나오는 이야기는 그들의 정체성을 세우는 영속적인 기둥이 된다. 출애굽기는 살아남은 이야기다.

처음에는 하늘, 다음에는 땅, 초목, 새, 동물, 마지막으로 이 땅에 세운 새 집을 다스리고 보살필 사람들까지 모두 최고 유일신의 말을 통해 혼돈에서 만들어졌다. 친숙하게 들릴지 모르지만 이런 줄거리가 모든 창조 대본의 기본은 아니다. 예를 들어 캐나다 먼 북단의 이누이트가 전하는 이야기는 동물과 사람이 구분되지 않는 똑같은 모습으로 대화하면서 시작한다. 일본의 아이누 창조이야기에서는 세계가 이미 존재하던 물고기의 등 위에서 창조되고 사모아 이야기에서는 갈라진 바위에서 나온다. 또 호주 원주민들이 지닌 꿈의 시대Dreamtime에는 거대한 생식기를 지닌 남매가 빈 우주를 떠돌다 세상이 생겨나기도 한다. 다른 이야기에서는 입에서 나오는 말 대신 다른 신체 구멍에서 창조의 힘이 뿜어져 나온다. 이집트 창조자 아툼의 생식기에서 정액이 나오고 하이다족 까마귀신의 항문에서 대변이 나온다. 반투족은 보숑고Boshongo 신이 우주를 토해냈다고 이야기한다.

창조의 재료가 되는 혼돈 역시 형태가 다양하다. 그 범위는 무無에서(스와힐리족) 창조자의 신체 일부(바빌로니아, 북유럽, 아마조니아)까지 넓다. 혼돈은 밑에서부터 끌어올린 진흙덩어리일 수도 있고(호데노쇼니족), 위에서 떨어진 모래나 돌일 수도 있다(보르네오의 카얀족). 어떤 창조신은 우스꽝스럽기까지 한데 특히 유대교와 기독교의 가부장적 상대와 비교하면 더 그렇다. 미국 북서부와 캐나다 해안부족 문화의 트릭스터 큰까마귀신과 네즈퍼스족의 코요테를 생각해보자. 이 두 동물은 모두 첫 식량을 익살맞게 찾아낸 것으로 유명하다. 큰까마귀는 조개껍데기에 숨어 있다가 나무딸기와 연어를 발견하고, 코요테는 괴물에게 친구를 찾으러 자기 뱃속으로 들어가라고 한다. 코요테에게는 맛있고도 만족스러운 결과였다.

우주의 알에서 세상이 창조되는 경우는 멀게는 보르네오 지역의 다약족 이야기에서 등장한다. 태고의 물새 두 마리가 알 한 쌍을 낳았고 이 알들이 부화해 하늘과 땅이 되었다. 또 아프리카 도곤족은 우주가 크게 흔들려 절대자가 놓아둔 우주의 알이 깨지고 그곳에서 모든 것이 태어났다고 이야기한다. 핀란드의 칼레발라 서사시에서는 조류신인 물의 어머니가 낳은 알이 바다에 떨어져 깨지면서 땅, 해, 달, 별이 탄생한다. 현대 빅뱅 이론 이전의 여러 초기 버전이 알에서 시작한 것으로 보인다.[5]

어떤 창조신들은 어머니와 아버지처럼 짝을 지어 나타난다. 가족 내 세대 갈등이 세계의 여러 부모 창조 신화의 뿌리에 있는데, 이런 이야기들은 보통 영원할 것 같은 결속으로 시작한다. 하지만 창조가 일어나기 위해서는 이 결속이 깨져야 하고 이때 결속을 깨는 주체는 주로 자녀들이다. 어떤 이야기는 초반에 자녀가 하늘과 땅 또는 짠물과 민물 등의 부모를 실제로 떼어놓으려고 시도한다. 북유럽 창조이야기에서 등장하는 불과 얼음의 싸움처럼 의인화된 자연의 힘들이 벌이는 우주 전투는 가장 흥미로운 볼거리 가운데 하나다. 《에누마 엘리시》와 그리스의 《신들의 계보》, 폴리네시아의 하늘과 땅 이야기도 좋은 예다. 여기서는 각각 부모 중 한 명의 토막 난 시신이 우리가 오늘날 바라보는 질서정연한 우주가 된다.

상상력이 아주 풍부한 이야기꾼들은 외형을 바꾸거나 다른 과감한 방법으로 변신하는 다양한 인물이 창조 과정에 미치는 영향을 묘사한다. 서태평양 도부섬의 창조이야기에서는 변신이 서사의 중심이다. 나이 든 여자의 음모에서 일어난 불이 처음 인간으로 변하고 계속해서 나무와 얌이 되었다가 다시 본래 모습으로 돌아온다. 순환하는 시간에서 닭과 달걀의 문제를 해결하기 위해 어떤 인간들은 새로 변신해 알을 낳고 여기에서 인간이 깨어난다. 바빌로니아 이야기에서는 자애로운 어버이의 몸이 두 갈래로 변하여 위胃는 태양의 경로가 되고 피와 뼈는 사람들이 된다. 북쪽 얼음 나라 북유럽 신의 부러진 뼈는 산으로 변하고 이빨과 턱은 바위와 돌로 바뀌며, 두개골은 하늘이 된다.

이런 이야기들에 묘사된 변신은 분명 눈에 보이는 세계의 변화를 주의 깊게 관찰한 덕분에 생겨났다. 화산이 분출하며 바다에서 솟아오르고, 섬과 해안이 홍수로 물속에 가라앉고, 구불구불 흐르는 개울과 강이 토사에 막히며, 사슴이 자라 뿔이 떨어지고, 애벌레가 기적처럼 나비가 된다. 주변 세상에서 일어나는 일에 관심을 기울일수록 놀라운 변화가 얼마나 많이 일어나는지 깨닫게 된다.

분리와 변신과 함께 출현도 많은 창조이야기의 중심 과정이다. 우리는 벌레와 흰개미가 땅에서 솟아나고 부패한 살에서 구더기가 올라오는 모습을 통해 출현을 목격한다. 신체 모든 기관의 배설물도 마찬가지다. 직접 목격하는 행운을 누린 사람들에게는 가장 잊기 힘든 순간이 바로 단어도 적절한 '자손 offspring'이 어머니의 자궁에서 태어나는 모습이다. 그러므로 지구 잠수부 신들 earth-diver gods이 하늘 구멍을 통과해 내려온 후 나바호족 사람들이 땅 구멍에서 나타나는 것이 놀랍지 않다. 이누이트 세상에서는 동물들이 땅에 심은 씨앗에서 나오기라도 하는 듯 눈밭에서 구멍 밖으로 머리를 내민다. 이로쿼이족(호데노쇼니족) 창조이야기에서는 거북이 소환되어 물밑으로 뛰어들었다가 진흙을 한 줌 가져와 거북섬을 만드는데 이 섬이 나중에 북아메리카 대륙 크기로 커진다. 세계의 잠수 대장이라 할 수 있는 동물들은 시베리아의 부랴트 신화에서는 물새고, 대서양판 신화에서는 거위며, 몽골 변형판에서는 신비로울 정도로 물속에 오래 머물 수 있는 잠수의 거장, 아비새다.

현대 과학은 약 140억 년 전 거대한 폭발에서 기원이 시작됐고 모든 사건과 사물이 나타났다고 설명한다. 보통 모든 기원에는 목적이 함축돼 있지만, 태초의 격동이 '왜' 일어났는지에 대해서는 많은 사람들이 이해하기 어려워한다. 이와 관련해 노벨물리학상 수상자 스티븐 와인버그Steven Weinberg는 다음과 같은 유명한 말을 남겼다. "우주를 좀 더 이해하면 할수록, 우주는 그만큼 또한 무의미해 보이기도 한다. 우리 연구의 결실은 사람들을 위로해주지 않는다."[6] 이 책에서 제시하는 이야기들은 그런 불가해성과 절망을 뚫고 서사의 경로를 고안한 인간들의 창조적 대담함을 기린다.

전 세계에 걸쳐 나타난 독창적이고도 영감으로 가득한 창조 이야기들을 어떻게 정리하고 비교할 수 있을까? 주제에 따라 정렬하거나 수렵 채집, 농경, 도시국가, 왕국, 제국 등 여러 문화와 문명에 따라 신화를 묶을 수도 있다.[7] 하지만 나는 자연 관측에 특별히 주목하기로 했다. 이야기를 전하는 화자의 상상력이 풍경에서 어떻게 시각과 다른 감각으로 감지한 것을 가져오는지, 또 인류 문화에 그토록 생기를 불어넣는, 거대한 질문에 답하는 과정에서 끝없이 존속되는 서사를 어떻게 엮는지도 살펴볼 것이다. 말로 이루어지는 창조, 세계의 부모, 지구 잠수부의 등장 등 공통적인 주제를 간단히 짚겠지만, 화자와 청자가 공유하는 물리, 생물, 지질, 천체 환경에서 관찰된 사물이 각 이야기의 단단한 뿌리가 되어가는 모습에 좀 더 집중할 것이다.

산과 동굴은 창조이야기에서 가장 명확한 배경일 것이다. 이 두 장소는 세계의 많은 우주론에서 각각 하늘과 지하세계의 입구를 나타낸다. 이런 우주론은 우주의 여러 층이 위아래로 쌓여 있어 하늘이 위에, 지하세계가 아래에, 그 사이에는 사람들이 살고 이 층들은 종종 세계의 축으로 연결된다고 생각한다.[8] 위에서는 비의 형태로 아래에서는 샘과 우물을 통해 지표에 도달하는 물은 창조의 또 다른 단계를 제시한다. 지구 표면의 4분의 3에 해당하는 바다에서도 독특한 풍경은 존재감을 드러낸다. 섬 지역에 사는 사람들은 풍경에서 감지한 내용을 바탕으로 창조 문제에 다양한 해답을 제시하고 이는 추운 극지방에서 얼음과 눈에 둘러싸여 살아가는 사람들도 마찬가지다.

   나는 우선 산지에서 발생한 이야기부터 시작할 것이다. 그리스 신들의 고향인 올림포스산에서 출발해서 남북아메리카 서부의 산들에 이르기까지, 수직 기둥이 하늘을 떠받치고 지진, 화산, 산사태를 상징하는 창조신들이 종잡을 수 없이 오르내리는 험난한 지형 위로 서로를 뒤쫓다가, 우리가 잘 아는 지형물로 다시 서로의 모습을 바꾸는 역동적인 흐름을 살펴본다. 다음에 만나는 강기슭 거주민들은 홍수 철에 강둑을 따라 쌓인 흙더미에서, 또는 강물이 바다로 흘러가는 무질서하고 뿌연 땅에서 발생한 창조이야기를 들려준다. 서아프리카에서는 신의 시체에서 모든 것이 창조된 후 그 자체가 거대한 강이 된다. 유카탄 반도와 호주 남부의 카르스트 지형은 동굴이 벌집처럼 얽혀 있다. 이런 장소에서는 어떤 행동으로 지하세계의 입구가 열리고 창조 세력들이 세계의 형태를 결정하기 위해 경쟁한다. 페루의 잉카 후손들은 제국의 수도 근처에 있는 동굴에서 첫 번째 왕이 등장한 이야기를 전한다. 섬 지역 창조 신화를 다룰 때는 폴리네시아부터 인도네시아, 일본까지 살펴본다. 섬은 바다에서 건져 올려졌을까, 아니면 하늘에서 떨어졌을까? 북반구 고위도 지역 등 기상 조건이 극단적인 장소에서는 눈과 얼음의 활동에 집중한다. 북유럽 신은 꽁꽁 언 채 나타나고 이누이트 동물들은 눈 속의 파인 구멍에서 튀어 오른다. 마지막으로 남아메리카 최남단에 위치한 혼곶에서는 두 바다가 충돌한다.

끝으로 전달 방식뿐 아니라 전개되는 과정과 사건이 놀라울 정도로 현대의 이야기와 유사한 기원전 5세기 그리스 창조 신화로 마무리할 것이다. 이 신화는 빅뱅이나 적응에 의한 진화와 같이 큰 질문에 답하는 우리 시대의 설명과 비교해볼 때 더욱 충격적이다. 그러나 이 특별한 신화가 오늘날의 과학적 창조이야기의 조상임을 역사가 어떻게 증명하는지 내가 보여줄 때 놀라지 않길 바란다.

어떤 창조 신화를 믿을 만한 이야기로 만들고 싶을 때, 지상에서 하늘에 가장 가까운 것으로 여겨지며 중요한 소재로 손꼽히는 것이 바로 산이다. 신들을 가까이 두고 싶었던 고대 그리스인들이 천국의 문턱이라 불리던 올림포스산을 신의 장소로 선택한 이유도 여기에 있을 것이다. 우리는 펠로폰네소스 반도 북쪽에서 일어나는 2,700년 된 이야기 《신들의 계보》와 함께 이 여정을 시작할 것이다. 이야기는 배우자가 자식들에게 기울이는 관심을 질투하는 아버지로부터 시작된다(신들이 꼭 산 밑에서 이야기를 전하는 사람들처럼 행동한다).

다음에는 히말라야로 떠난다. 이곳에서는 땅과 하늘이라는 두 종류의 에너지가 태고의 알에서 태어나 광대한 시간에 걸쳐 확장하는 우주 안에서 분리된다. 익숙하게 들리는가? 이어서 전투가 일어나고 하늘이 찢어지면서 풍경이 기울어진다. 중국의 지형도를 펼치면 급하게 보수한 결과를 볼 수 있다.

우리는 남북아메리카 대륙의 산맥을 따라가면서 다양한 산간지대 거주자들이 전하는 창조이야기를 탐험할 것이다. 나바호족은 어떤 산을 바라보면 그 산의 이름이 도덕적 중요성을 지닌 특별한 이야기를 불러온다고 믿는다. 그들은 땅이 사람들을 올바르게 살도록 해준다고 말한다.¹ 우뚝 솟은 뷰트로 유명한 미국 남서부의 붉은 사암 지역 모뉴먼트밸리에서는 산들이 실제로 하늘을 떠받치는 것처럼 보인다. 하늘과 산, 색깔로 지정된 네 방향의 무대에서 이야기가 펼쳐지고 《신들의 계보》와 마찬가지로 시간은 질서와 무질서 사이를 반복적으로 오간다. 이야기는 오래된 사회 문제에 초점을 맞춘다. 우리의 취약함은 어디에서 왔고 우리는 어떻게 이를 극복할 수 있을까? 나바호 변방에서 흔히 볼 수 있는 못된 동물 코요테가 이 질문에 대한 답을 찾아준다.

1985년 멕시코 계곡이라고도 불리는 시에라마드레 산맥 고지대에서 진도 8.0의 지진이 멕시코시티를 강타해 5천 명 이상이 사망하고 40억 달러(4조7천억 원)의 손실이 발생했다. 매년 비극이 일어났던 9월 19일이 되면 생존자들은 죽음의 냄새를 떠올린다. 이 비극적인 날 아침에 태어나 이른바 '지진의 아이들'²이라 불리던 사람들 중 한 명이 다음과 같이 회상했다. "지구가 제가 태어난 것에 너무 화가 나 사람들을 죽이기로 했다는 이야기도 들었습니다." 이 최근의 이야기는 1,500년 전 사건의 메아리처럼 들린다. 당시 시틀레 화산이 분출해 불의 신 다섯 명이 나타난 후 근방의 고대 도시 퀴퀼코가 물에 잠겼다고 한다. 거주민들이 경험한 공포가 기록으로 남아 있지는 않지만, 계곡 근처의 주민들은 현재도 남동쪽 지평선 위로 솟아오른 포포카테페틀Popocatépetl산의 분석구에서 연기가 피어오르는 것을 보면 경계심을 느낀다. 주변 자연환경에서 가장 두려워하는 요소를 궁극적 힘의 원천으로 바꾼 강인한 아즈텍 사람들은 바람과 홍수, 지진과 불이라는 자연의 강력한 힘을 끌어와 '다섯 개의 태양 창조' 이야기를 들려준다.

남아메리카의 안데스 산맥 고지대와 태평양 해안 사이를 수직으로 깎아지르는 경사지에서는 물과 불의 힘이 경쟁하며 세계의 운명을 결정하는 이야기가 등장한다. 이곳은 4,500미터 고지대에서 흘러내리는 물이 바다에 닿을 때까지의 거리가 불과 160킬로미터밖에 안 되기도 한다. 자연의 신들이 하는 행동은 이런 지형에서 물의 통제권을 두고 다투는 사람들의 염려를 반영한다.

끝으로 아마조니아 서쪽 안데스 산맥 기슭의 신성한 풍경으로 내려갈 것이다. 남아라와크족 신들은 산악지대에 살던 조상신들과 마찬가지로 의견이 다른 상대방을 돌로 바꾸는 습성이 있다. 남아라와크족이 들려주는 창조이야기는 그들의 기원에 관한 정신적 지도(지리적 경로)를 그려낸다. 이주민들이 기원을 이야기할 때 공통적으로 나타나는 서사 형태다.

1장
누가 올림포스산에서 신들의 왕이 될 것인가

남유럽

기원전 8세기 헤시오도스Hēsiodos가 말 그대로 신들의 족보를 적어 놓은 《신들의 계보》는 창세기와 비교해보면 가정불화와 자극적인 사건들로 가득한 성인용 동화 같다. 동화 속 주인공들의 활약이 펼쳐지는 신들의 고향 올림포스산은 3천 미터가량 높이 솟아오른 50개 이상의 봉우리가 장관을 이루는 그리스 북부의 가파른 산맥이다. 그리스인들은 올림포스산을 하늘이 땅과 만나는 문턱으로 여겼고 숭배자들 가까이에서 신들이 살기에도 자연스러운 곳이라 생각했다.[1]

고대 그리스인들은 또한 북풍 너머, 어쩌면 하늘나라 반대쪽에 사는 거인 종족 휘페르보레아인도 같은 신들을 찬양했다고 믿었다. 그들은 완벽한 땅에서 천 년 동안 완전한 행복을 누렸는데, 이는 겨울에 이들과 함께 머물면서 밤낮으로 밝게 빛나기로 한 태양신 아폴로에게 헌신한 덕분이기도 했다.

'북풍(보레아스) 너머'라는 뜻을 지닌 휘페르보레아Hyperborea는 트라키아 북쪽에 있는 대륙이자 세계를 도는 거대한 '강 바다'로 둘러싸인 곳이라 여겨졌다. 눈 덮인 산 덕분에 그리스 세상과 떨어져 봉쇄된 그곳에서 자애로운 거인 종족은 끝없는 봄을 누리며 번성했다. 그리스인들은 왜 먼 북쪽 기후가 따뜻하다고 상상했을까? 정오의 태양 고도가 점점 높아지는 현상을 아는 사람이라면 여름이 다가올수록 태양 고도가 북쪽으로 나아가면서 낮이 길어진다는 것을 알 수 있다. 그렇게 관찰하다 보면 낮이 계속되다가 자정에도 태양이 비치는 상상의 땅을 쉽게 추론할 수 있을 것이다. 극지방 사람들은 낮이 지속되는 여름 몇 달을 즐기고 그 비용을 겨울에 똑같이 길어진 어둠으로 치른다. 그렇지만 이상적인 휘페르보레아 기후가 전설이 되어 널리 퍼지면서, 북극으로 향하는 얼지 않은 물길을 따라가면 얼음 없는 바다 위에 사람이 실 수 있는 천국이 나타날 거라는 낭만적인 상상이 18세기에도 등장하기에 이른다.

《신들의 계보》를 읽으면 그리스인들이 공간뿐 아니라 시간을 어떻게 생각했는지 알 수 있다. 이야기 속 사건들은 한쪽 끝에서 다른 쪽 끝을 왔다 갔다 하는 추처럼 활발함과 무기력 사이

에드워드 리어가 그린 신들이 고향 올림포스산.

천 개의 우주 〜〜〜 제1부 산

를 오간다. 처음에는 질서가 당연했다가 이 질서에 위협이 닥치고 질서가 다시 세워진다. 이 과정이 영원히 계속된다.[2]

우리의 이야기꾼은 호메로스 못지않은 명성을 자랑하는 그리스 시인 헤시오도스다. 헤시오도스는 기원전 700년경에 살았던 완고한 농사꾼이다. 그는 고매한 《신들의 계보》 외에 《일과 날Works and Days》도 지었는데, 이 책은 농장을 유지하는 데 필요한 힘든 노동과 그것을 위한 시간 관리, 삶의 정의를 찾는 것의 어려움 같은 일상적인 문제를 다룬다. 《일과 날》에서 '인간의 다섯 시기(인종)'와 사람과 신의 공통 기원을 자세히 기술한 헤시오도스는 펠로폰네소스 반도의 돌투성이 메마른 땅에서 생계를 잇느라 고생하는 처지를 습관적으로 투덜거리는 타고난 불평꾼이자 비관주의자로 보인다. 이보다 한층 기품 있는 《신들의 계보》는 그리스가 힘든 시기에서 깨어나는 가운데 나타난다. 300년 전 미케네 왕국이 몰락한 이후 그리스의 군소귀족 참주들은 분열된 도시국가 단위에서 세력을 형성하고 있었다.[3] 이제 그리스인들은 지중해를 식민지로 삼고 문화를 확장하며 기록문학을 발전시키고 위대한 신전을 세웠다. 그리고 나서야 외부로 눈을 돌려 '우리는 어디에서 왔는가?' 같은 궁극적 질문들을 생각할 여유가 충분해졌다.

《신들의 계보》의 주제는 '권력'으로, 신들의 권력 체계가 어떻게 정리되고 세워졌는지가 주된 내용이다. 《신들의 계보》에 영향을 준 것으로 보이는 바빌로니아의 《에누마 엘리시》 등 우리가 앞으로 만날 다른 계보 신화와 마찬가지로 이 책도 세대 간 다툼을 중심으로 이야기가 펼쳐진다. 세계의 역사는 제우스가 전임 신들의 통치권을 계승하는 과정으로 묘사된다.

가이아Gaia(땅)와 우라노스Ouranos(하늘)가 동침하기 전까지 시간은 시작되지 않았다. 하지만 가이아는 이야기꾼 헤시오도스의 눈에 비친 여성들처럼 문란하고 예측할 수 없으며 근친상간을 저질렀다. 이미 그녀와 에레보스Erebus 사이의 불륜으로 아들 우라노스가 태어났는데, 의인화된 어둠인 에레보스는 밤이나 가이아와 마찬가지로 태초의 힘 카오스에서 발생했다. 카오스는 무질서한 상태에서 다양한 자질이 휘몰아치며 뒤섞인, 분간하기 어렵고 어두운 심연이었다.

　어머니 대지는 태어날 자식들을 질투하고 노골적으로 두려워하는 아버지 하늘 때문에 출산하기가 힘들었다. 아버지는 자식들의 출생을 취소하는 것으로 스트레스를 풀려고 했다. 태어나는 자식들을 그대로 자궁으로 집어넣은 것이다. 대지는 이 짜증스러운 상황에 대응해 비밀 무기를 만들었다.

그래서 그는 자녀들이 태어나는 대로 하나씩 땅속 깊은 구멍에 감추고 빛을 보지 못하게 했다….

거대한 가이아는 답답해하며 속으로 끙끙대다 사악한 장치를 고안했다.

그녀는 즉각 새로운 종류의 단단한 회색 금속 물질을 생산해 거대한 낫을 만들고 자식들에게 보여줬다.⁴

다음에 태어난 시간의 신 크로노스**Kronos**는 그 유명한 낫을 휘둘러 아버지의 남근을 잘랐다. 크로노스가 남근을 바다에 던지면서 발생한 빛나는 거품으로 인해 사랑의 여신 아프로디테 **Aphrodite**가 태어났다.

나중에 크로노스와 연관된 신기한 의식이 주인과 노예가 역할을 바꾸는 일종의 새해 축제로서 발전했다. 그리스인들은 종종 제우스의 뒤를 이을 시기를 이야기했다. 사람들이 무덤에서 나와 젊어지고 세상에 닥친 모든 갈등이 작아지다가 사라지며 시간이 실제로 뒤집혀 거꾸로 흐르는 시대다. 그런데 크로노스를 시간의 신으로 만든 이유는 무엇일까? 시계추의 왕복운동이나 선악이 주기적으로 교차하는 우리 삶의 시간처럼, 그를 대표하는 특징은 양극단을 오가는 일련의 행위로 묘사된다. 시간을 끝없이 이어지는 사건의 연속이라고 보는 현대적 관념과 달리 크로노스의 한 가지 행동은 다른 행동의 반대 행위처럼 보인다.

크로노스는 아이들을 어머니의 자궁으로 밀어 넣은 아버지를 거세한다. 후에 그는 자기 자식들을 삼킨다. 하지만 제우스가 그를 제압하자 그는 자식들을 그대로 토해낸다. 크로노스는 적절한 이름을 부여받았다.

오늘날에도 우리는 여전히 크로노스를 '시간의 할아버지'라고 부르며 새해와 연결한다. 계절의 순환이 끝나는 이때 우리는 비록 지키지 못할 때가 더 많더라도 과감한 변화를 통해 더 나은 사람이 되겠다고 다짐한다. 이후 고대 그리스 시기에는 새해에 종을 울리는 것이 농업의 상징이 되기 시작했다.《신들의 계보》에서 말하는 거세 행위는 어머니 대지에 풍년이 들어 풍성한 수확으로 이어지도록 매해 줄기에서 씨를 잘라내는 것을 상징한다고 생각할 수 있다. 나이 든 시간의 할아버지와 어린 아기가 역할을 바꾸고, 삶의 시작이 사신의 모습을 한 죽음의 시작과 연결되는 것처럼, 연말에 역할이 뒤바뀌는 경험은 시간의 계절적 진동이 극한 지점에 이르렀을 때 자연이 실제로 모습을 바꾸는 방식을 똑같이 보여준다. 추錘가 방향을 바꾸듯, 태양이 뜨고 지는 지점도 매년 지평선을 따라 경로 위를 앞뒤로 미끄러지고 달도 앞뒤로 지나가며 주기에 따라 얼굴을 드러낸다.

태양이 점점 따뜻해지며 하늘 높이 올라가 대지에 양분을 공급하다가 다시 한 번 천체의 사다리를 따라 내려오면 아래 세상에서는 정반대의 일이 순차적으로 일어난다. 동식물이 생애주기에서 정점에 다다랐을 때 극적으로 행동을 전환하는 현상은 환경에 주의를 기울이는 사람이라면 누구에게나 자명하다. 열매가 맺히면 바로 나뭇잎이 시들고 떨어진다. 말 그대로 자라지 않는, 즉 '태어나지 않은' 상태가 된다. 동물들은 봄에 나왔던 구멍으로 다시 파고든다. 헤시오도스를 비롯한 농업에 종사하던 당시 사람들은 환경에서 일어나는 이런 계절적 전환을 분명하게 감지하고 있었다. 그들에게는 삶이 달린 문제였다.

그리스인들은 크로노스가 혼돈으로 균형을 이루던 우주를 양극단으로 나눠 이렇게 반대 현상이 일어나는 패턴을 만들었다고 믿었다. 크로노스는 대지와 하늘을 분리해 시간을 발명했고 그가 분리한 남성의 주요부위는 바다에 빠져 정반대 형태, 즉 아프로디테 모습을 한 여성의 본질이 됐다. 크로노스는 그렇게 세상 속 존재의 양극단 사이를 오가게 하는 이동 요소, 즉 시간을 창조했다.

이야기가 진행되면서 《신들의 계보》는 선한 신과 악한 신이 교대로 나타나는 장황한 가계도를 따라 내려간다. 이들은 생생히게 의인화된 세계의 다양한 부분과 힘을 나타낸다. 발전하던 그리스와 마찬가지로 이 상상 속 우주에는 정치와 자연 요소 둘 다 들어 있다. 신들의 왕이자 인간계에 질서를 가져다준 제우스Zeus는 가장 마지막에 나타난다. 제우스의 어머니 레아Rhea는 남편 크로노스를 속여 자식이 아닌 돌을 삼키게 했고 그 덕분에 제우스는 다른 형제들과 달리 숨을 수 있었다. 나중에 크로노스는 돌을 토해냈고 이 돌이 결국 제우스를 숭배하기 위한 올림포스산의 제단이 됐다. 곧 신들의 왕이 될 존재이면서도 비밀리에 양육되었던 제우스는 돌아와 아버지를 물리칠 수 있었다. 그러나 크로노스의 죽음에 복수를 꾀하던 반대 세력이 가이아의 아이 중 가장 막내이면서 말로 표현할 수 없이 흉측한 괴물 티폰 Typhoeus(바다에서 오는 폭풍을 말하며 여기에서 '태풍typhoon'이라는 단어가 나왔다)을 보내왔다.

> 티폰의 팔은 원하는 일을 다 해낼 수 있을 만큼 강했고
> 강력한 신의 발은 지칠 줄 몰랐다.
> 어깨 위로는 무서운 용처럼 생긴 뱀의 머리 백 개가 솟아올라
> 검은 혀를 날름거리고
> 눈썹 밑의 눈에서 불빛이 번쩍이며
> 노려보는 머리마다 불길이 타올랐다.
> 흉측한 머리가 저마다 말을 할 수 있었고
> 온갖 소리를 낼 수 있었다.[5]

이제 전투다. 제우스는 힘을 일으켜 무기를 삽고 현대 블록버스터의 액션 영웅처럼 고대 청중의 주의를 사로잡을 난폭한 사건들을 일으켰다.

그는 올림포스산에서 쏜살같이 내려와 그 무서운 괴물에게 일격을 가하고 괴상한 머리를 모두 불태웠다.
계속해서 후려치는 공격에 제압당한 티폰은 결국 무릎을 꿇었다. 그러자 거대한 가이아가 신음했다.
신이 벼락을 맞아 바위투성이 아이드네산 골짜기에 쓰러지자 그에게서 불길이 치솟았다.[6]

하늘에 질서가 잡혔을 때 크로노스는 인간 종족들을 창조하기 시작했다. 우선 황금족이 나타났다. 그들은 크로노스의 통치를 받으며 신들처럼 평화롭게 살았다. 나이도 들지 않았고 영양 공급도 필요 없었다. 천국의 행복을 누리는 꿈같은 유토피아였다. 그러나 부당함과 자만심이 세상에 들어오자 생명은 타락했다. 제우스는 아버지의 실패한 창조물을 땅속에 숨겼다. 황금족은 이곳에서 땅의 영혼과 수호자가 되어 살고 있다.

이들이 있던 곳에 제우스는 은족을 창조했다. 은족 아이들은 집에서 백 년 동안 자라고 이후에는 짧은 생을 살았다. 하지만 제우스의 창조가 아버지보다 나을 것이 없었다. 이 사람들은 자제할 줄 모르고 서로를 해쳤다. 무엇보다도 세상에 태어나게 해준 공을 인정하고 보답하기 위해 신을 숭배하거나 제물을 바칠 줄 몰랐다. 그래서 제우스는 이들을 더 깊은 땅 밑으로 숨겼고 은족은 지하세계의 영혼이 되었다.

제우스는 세 번째로 청동족을 만들었으나 청동족은 먼저 온 종족들보다 더 형편없이 굴었다. 힘은 셌지만 냉담했고 폭력과 전쟁을 좋아하며 워낙 제멋대로여서 청동 무기를 이용해 자기 손에 죽었다. 결국 제우스는 하데스가 다스리는 가장 낮은 곳에 이들을 가뒀다.

다음으로 제우스는 반신반인 영웅족 미케네 왕들을 만들어 부정적 혈통의 사슬을 끊어냈다. 이들은 유일하게 금속 이름이 붙지 않았다. 제우스가 임무를 마친 이들을 풀어주자 이들은 세상을 둘러싼 바다 밑으로 내려가서 살았다.

끝으로 제우스는 다섯 번째 종족인 우리 철족을 창조했다. 이 시대 사람들은 끝없이 일해야 했고 어떤 사람들은 좋은 건 거의 없는 부담만 잔뜩 지고 살아야 했다. "내가 이 다섯 번째 시기에 더 살지 않고 일찍 죽었거나 나중에 태어났더라면." 비관적인 농부이자 이야기꾼 헤시오도스는 이렇게 탄식한다.[7] 정의가 완전히 실패한다는 저주다. 그런데 나중에 태어난다니? 혹시 우리의 이야기꾼은 한 단계 높은 새로운 종족의 탄생을 예견했던 것일까?

2장
중국의 풍경은 왜 기울어졌나
동아시아

동아시아의 풍경은 다채로우면서도 확실히 기울었다. 서쪽으로 누운 평균 해발 고도 4,500미터의 티베트 고원은 남쪽과 서쪽 부근이 높은 히말라야 산맥에 둘러싸여 있다. 북서쪽으로는 고도 1,500미터에 달하는 타클라마칸 사막과 고비 사막의 사구가 불어오는 바람에 따라 끊임없이 모습을 바꾼다. 고비 사막의 동쪽에는 오늘날의 지린성과 헤이룽장성의 활화산이 있다. 산과 사막이 함께 장벽을 형성했다는 이유로 중국은 오랫동안 서양과 분리돼 있었다. 중국의 3대강인 황하, 장강, 주강은 수천 종의 야생동물이 서식하는 카르스트 산지의 깊은 협곡을 따라 1,500킬로미터 이상 흘러가서 황해와 동중국해, 남중국해에 이른다.

중국 남부의 반고盤古(처음 존재이면서 만물의 창조자) 신화는 3세기에 지어졌다. 북유럽의 이미르나 바빌로니아의 티아마트 문화 등 앞으로 만날 다른 창조이야기와 마찬가지로 세계는 자신을 희생한 신의 신체 부위에서 창조된다. 이 이야기에서는 태고의 알에서 두 종류의 에너지가 터져 나와 분리되고 오랜 시간에 걸쳐 팽창하는 우주가 창조된다. 훗날 '빅뱅 이론'으로 알려지게 되는 태고의 원자 가설과 애가 탈 정도로 비슷한 시나리오다.[1]

오래전 우주에는 아무것도 없이 거대한 알만 있었다고 한다. 그 속은 탁하고 불투명한 음과 맑고 투명한 양, 이렇게 두 개의 힘이 뒤섞여 있었다. 오랜 기간에 걸쳐 이 두 힘 내지 물질은 균형을 잡게 됐다. 어떤 이들은 657만 일(1만8천 년)이 걸렸다고도 한다. 이 혼합물에서 '반고'라는 이름의 뿔 두 개, 엄니 두 개의 털 투성이 거인이 나타났다. 거인은 눈을 떴으나 오직 어둠만이 보였다. 귀를 열었으나 오직 침묵만이 들렸다. 그가 주문을 걸어 만든 마법 도끼를 휘둘러 알껍데기를 세게 내리치자 귀청이 찢어질 것 같은 깨지는 소리가 나며 알이 둘로 갈라졌다. 서서히 음양이 분리되기 시작했다. 어둡고 무거운 것은 모두 내려와 대지가 됐고 가볍고 맑은 것은 모두 떠올라 하늘이 됐다. 그러나 새로 창조된 우주의 양쪽이 다시 붙을 수도 있지 않을까? 반고는 불안한 마음으로 사이에 서서 둘을 떼어놓았다. 시간이 흐르면서 대지는 3미터까지 두터워지고 하늘은 반고 위로 3미터 더 올라갔다. 반고는 천지의 팽창에 맞춰 몸집을 키워야 했다.

거인은 657만 일을 다시 애쓴 후 모두 안전하게 자리가 잡혔다는 확신이 들자 힘을 뺐다. 세상을 창조하기 위한 오랜 노력으로 기진맥진해진 반고는 쓰러져 죽고 말았다. 그러자 기적적인 변신이 일어났다. 반고의 마지막 숨이 바람과 구름이 되고 목소리는 천둥이 되고 왼눈은 태양이, 오른눈은 달이 됐다. 반고의 머리카락과 수염은 은하수의 별로 변하고 팔다리는 서쪽의 높은 산이 됐다. 혈관을 흐르던 피는 물로 변해 이후 중국의 큰 강들로 흐르게 됐다. 반고의 이빨과 손톱은 귀한 보석과 광물이 됐고 골수는 다이아몬드가 됐다. 또 피부의 고운 털은 채소가, 근육은 기름진 땅이, 털 속의 벼룩은 동물이 됐고 힘든 노동으로 흘린 땀은 세상에 양분을 공급하는 빗물이 됐다. 우주의 알에서 태어난 반고는 이제 어디에도 없지만, 동시에 어디에나 존재하게 됐다. 세상을 만들기 위해 생명을 마치고 신체를 내놓았기 때문이다.

반고가 세상을 창조한 지 한참이 지나 뱀의 꼬리를 한 여와女媧 신이 나무, 꽃, 새를 짓고 동물들을 길들인다. 하지만 여와는 모든 걸 함께 나눌 누군가를 창조해야겠다고 생각했다. 그래서 바

바위에서 하늘을 깎아내는 최초의 생명체, 반고.

닷가 진흙에 무릎을 꿇고 앉아 자신을 닮은 형상을 빚었는데, 다만 자신과 같은 긴 꼬리 대신 다리를 만들어줬다. 그리고 여기에 숨을 불어넣어 생명을 줬다. 여와는 조각상이 만들어진 모습을 보고 매우 기뻐하며 하나를 더 만들고 또 만들어 많은 남자와 여자가 나타났다. 이들은 모두 노래하고 춤추며 창조자에게 고마워했다.

하지만 세상에는 여와처럼 평화를 사랑하지 않는 다른 신들이 있었고 그들은 반고가 창조한 세상을 파괴하기 시작했다. 이들은 물의 신 공공共工과 불의 신 축융祝融이었다. 둘은 누가 더 중요한지를 두고 쉬지 않고 싸웠고 이 강력한 신들이 싸우면 대지는 두려움으로 움츠러들었다. 지진이 세상을 뒤흔들고 해일과 쓰나미가 세상을 뒤덮었다. 또 화산이 폭발해 땅에 불을 질렀다. 폭력적인 두 신이 하늘까지 싸움을 끌고 올라가자 그곳에서 천둥과 번개가 쳤다. 공공이 하늘을 떠받치는 여덟 개 기둥 가운데 하나였던 불주산에 머리를 부딪쳤다.[2] 그러자 네 개의 기둥이 모두 무너지고 하늘이 찢어졌다. 하늘의 반이 아래로 떨어지면서 대지의 축이 남동쪽으로 기울었고 나머지 하늘은 북서쪽으로 올라갔다. 그러자 물이 모두 북서쪽에서 남동쪽으로 빠져나가기 시작했다.

다음으로 공공과 축융은 데리고 있던 용, 뱀, 거대한 새 같은 괴물들을 세상에 풀었다. 놀란 인간들이 여와를 찾아와 세상이 모조리 파괴되기 전에 자신들을 구해달라고 호소했다. 여와는 최초의 인간들을 손수 만든 것처럼 작업을 시작했다. 찢어진 하늘을 고치기 위해 갖가지 색깔의 돌을 모았다. 그리고 돌들을 들불에 녹인 다음 날아올라 하늘에 덧댔다. 다음에는 무너져가는 기둥으로 눈을 돌렸다. 여와는 가장 큰 거북을 찾아 도움을 요청했다. 거북이 이를 승낙하고 바다 밑바닥으로 내려갔다. 거북은 몸을 뒤집은 다음 발을 들어 하늘을 받쳤다. 여와는 재를 모아 불꽃을 덮어서 불을 모두 끄고 갈대와 자갈을 한데 쌓아 밀려드는 물을 막았다. 그다음 괴물들에게 관심을 돌렸다. 이들이 계속 공격한다면 세상에 평화란 없다는 것을 잘 알았기 때문이다. 여와는 팔을 뻗어 가장 큰 용의 꼬리를 잡고 점점 빠르게 빙빙 돌렸다. 다른 괴물들이 모두 놀란 눈으로 이 광경을 바라보며 생각했다. '여신의 능력이 저 정도라면 우리가 싸워서 이기는 건 어림도 없겠다.' 그래서 그들은 다시는 인간들을 방해하지 않겠다고 맹세하며 슬그머니 몸을 숨겼다. 한편 놀란 마음으로 여와를 바라보던 공공과 축융은 여와의 창조력이 자신들의 파괴력을 합한 것보다 강하다는 걸 깨닫고 싸움을 멈췄다. 여와는 반고와 마찬가지로 힘든 노동으로 인해 지쳐 땅에 쓰러졌고 그녀의 몸은 서쪽의 거대한 산맥이 됐다.

 이렇게 세상에 평화와 아름다움이 다시 찾아왔다. 사람들은 생명을 준 신의 소식에 매우 기뻐했다. 여와가 손으로 일을 처리하면서 한 가지 징표를 남긴 덕분에 사람들은 여와가 세상에 한 일을 절대 잊지 않을 것이다. 하늘을 수리할 때 공공이 손상을 입히는 바람에 하늘이 북서쪽으로 살짝 기운 것이다. 그래서 해, 달, 별이 매일 다니는 길이 북쪽의 북극성을 중심으로 서쪽을 향하게 됐다. 또한 중국 서부가 동부보다 높고 지금도 강이 남쪽과 동쪽으로 흐르는 것도 이런 이유라고 한다.

3장
네 가지 색깔로 이루어진 나바호족의 우주
북아메리카

맑게 갠 밤, 넓게 펼쳐진 들판에 나가 별이 가득 박힌 칠흑 같은 밤하늘을 올려다보자. 10분에서 15분 동안 별을 바라보라. 뭔가 알아챈 것이 있는가? 북반구의 관찰자라면 동쪽의 별이 서서히 위로 올라가다가 오른쪽으로 사라지고 서쪽 별은 오른쪽을 향해 지평선과 거의 같은 각도로 미끄러져 내려가는 것을 볼 수 있을 것이다. 고개를 돌려 북쪽을 보면 전혀 다른 움직임이 보인다. 그곳에서는 별들이 움직이지 않는 북극성 주위를 돈다. 하늘의 고정된 점 주위를 시계 반대방향으로 빙빙 도는 것이다. 마치 시계에 달린 수많은 시곗바늘의 끝점을 보는 것 같다. 마지막으로 남쪽으로 고개를 돌리면 북쪽에서 본 것과 똑같은 움직임이 보일 것이다. 역시 별들이 빙글빙글 도는데, 다만 도는 방향이 시계방향이고 지평선 아래에 놓인 한 점을 중심으로 도는 것처럼 보인다. 전 세계 어느 곳에 있든 천체의 움직임은 동쪽과 서쪽이 좌우만 바뀐 채 똑같고 남쪽과 북쪽은 한 쌍을 이룬다. 자연은 우리가 네 방향으로 된 세상에 산다고 이야기하는 것 같다.

하늘을 잘 관찰해야 하는 사회에서 '동서남북'은 살 곳을 설계할 때 따르는 본이 되었다. 나바호족 원로들은 첫 번째 집터, 창조의 '호간 hogan'('호'는 장소, '간'은 집을 의미)이 세계의 가장자리에서 지어졌고 이곳에서 창조신들이 나타났다고 이야기한다. 처음 사람들이 별을 만들어 하늘에 띄운 곳이 바로 호간이다. 그러므로 땅 위에 호간을 지을 때는 창조신을 숭배하는 마음으로 밤하늘의 움직임에 따라 방향을 정해야 한다. 지붕은 반드시 하늘처럼 뾰족하거나 돔형이어야 하고 빛과 열의 원천인 태양을 의미하는 '하아아 ha'a'aah'(규칙적으로 이동하는 둥근 물체)처럼 둥글어야 한다. 무엇보다도 호간은 해가 떠오르는 동쪽을 향해야 한다.[1]

모든 호간에는 기둥이 네 개 있고 각 기둥은 하늘을 받치는 네 개의 산을 따라 동서남북 정방향에 놓인다. 호간의 벽은 산처럼 수직이다. 집 안으로 들어가면 태양의 움직임을 본받아 시계방향으로 움직여야 한다. 내부는 따로 분리되어 있지 않지만 동서남북 사방이 용도에 따라 구별되거나 움푹 들어가 있다. 다섯째 방향인 중앙은 태양이라 할 수 있는 난로를 가운데 두고 주위를 둘러싼 하늘을 상징한다. 원로 한 명이 이야기한다.

> 호간은 … 대지에 사는 사람들의 피난처이자 보호소이고 집이며 은신처입니다. 호간의 바탕이 되는 조화 덕분에 가족은 '어머니 지구'와 '아버지 하늘'의 보호를 받으며 성스러운 산들 사이에서 함께 고난을 견디고 화합할 수 있습니다.[2]

미국 애리조나주와 유타주의 접경지 나바호족 자치 구역의 붉은 모래사막에 펼쳐진 모뉴먼트밸리를 방문하는 사람이라면 방향을 가리키는 산의 중요성을 쉽게 알 수 있다. 이곳은 살아 있는 듯 생생하게 솟아오르는 사암沙巖 뷰트로 잘 알려져 있다. 예를 들어 북쪽을 바라보는 메릭 뷰트에서 서쪽과 동쪽의 엄지장갑처럼 생긴 뷰트를 보면 엄지는 안쪽을 향해 있고 평평한 꼭대기는 하늘을 떠받드는 거대한 장갑 두 짝같이 자리하고 있다.

'디네 바하네Diné Bahane''(사람들에 대해 이야기하기)는 나바호 창조에 관한 다채롭고 역동적인 신화다. 세계의 기원을 다룬 이야기들과 마찬가지로 이 이야기도 세대 및 성별 간 갈등으로 가득하고 자연의 힘 안에서 조화와 균형을 찾으려는 인간의 갈망을 강조한다. 나바호족 서사는 층층이 쌓인 우주에 뚫린 구멍을 통해 사람들이 한 세계에서 다른 세계로 반복적으로 탈출하는 모

창조의 기둥. 미국 남서부 나바호 영토 모뉴먼트밸리.

험 이야기가 핵심이다.³ 영웅들은 존재의 층을 오르내리며 그들만이 가져올 수 있는 질서와 의미를 이곳에 부여하고 낯선 세계를 익숙한 세계로 점점 변화시킨다. 그들이 구하는 조화는 '인간 동물'의 반복되는 행동과 교류를 통해서만 얻을 수 있고 지킬 수 있다.

이야기는 네 부분으로 된 그들의 우주를 묘사하면서 시작한다. 중심에서 바깥으로 흐르는 네 개의 물줄기가 주위를 둘러싼 바다를 향해 사방으로 흐른다. 구역마다 다른 종족이 살며 이들은 색으로 구분된다. 동쪽은 새벽의 하양, 남쪽은 낮의 파랑, 서쪽은 저녁 무렵의 노랑, 북쪽은 밤의 검정이다.

아주 오랜 옛날부터 이들의 이야기가 전해 내려온다.

'토 빌 다히스키드 Tó bil dahisk'id'에서 하얀 종족이 동쪽에서 일어나 이곳을 낮이라고 여겼다고 전해진다. 우리는 이제 그 장소를 '물이 마주친 자리'라고 부른다.

파란 종족이 남쪽에서 일어났다. 이곳도 낮이라고 했다. 그래서 이미 그곳에 살던 '닐치 디네에 Nilch'i dine'é'는 떠돌았다. '하얀 사람'을 뜻하는 '빌라가아나 Bilagáana'라는 이름을 받은 사람들은 오늘날의 언어로 '공기 영혼 사람들'이라고 불린다.

서쪽에서 노란 종족이 일어나 저녁이 왔음을 알렸다. 그러자 북쪽에서 검은 종족이 일어났다. … 이런 공기 영혼 사람들은 오늘날 세상에 들어온 다섯 손가락을 지닌 대지 표면의 사람들과는 다른 사람들이다. … 그들은 한동안 땅 위에 살다가 성숙하고 지긋한 나이에 죽어서 세상을 떠난다. 그들은 공중에서 이동하고 바람처럼 빠르게 날아다니며 오직 이곳에만 사는 사람들이다.[4]

그러나 처음 세상의 네 구역에 살던 이런 곤충 같은 사람들 가운데 일부, 특히 남쪽의 공기 영혼 사람들이 서로 다툼을 벌였다. 그들은 간통을 저지르고 어쩔 수 없었다고 변명했다. 다른 구역에 살던 사람들이 이런 행동에 화가 나서 공기 영혼 사람들에게 다른 살 곳을 찾으라고 했다. 다른 구역 사람들이 말했다. "우리는 너희들이 이곳에 있는 걸 원치 않는다."[5] 그래서 공기 영혼 사람들은 친숙한 세상을 떠났다. 그들은 둥근 하늘 위를 오래 여행하다가 마침내 동쪽 지평선 근처 하늘에 뚫린 구멍을 찾았다. 구멍 안으로 들어가자 둘째 세상에 도착했다. 그곳은 거대한 파란 평원에 파란 머리 제비 사람들이 사는 땅이었다.

처음에 침입자들은 의심을 받았다. 제비의 지도자가 아래 세상에서 온 이주민들에게 외쳤다.

"너희가 오기 전까지 이 세상에는 지금껏 우리 말고 아무도 살지 않았다. 우리는 이곳에 사는 유일한 사람들이다."

그러자 새로운 사람들이 제비들에게 제안했다.

"너희들은 여러모로 우리와 비슷하다." 그들이 말했다.

"너희는 우리의 언어를 이해한다."

"우리와 마찬가지로 너희는 다리가 있다. 우리와 마찬가지로 너희는 몸이 있다. 우리와 마찬가지로 너희는 날개가 있다. 우리와 마찬가지로 너희는 머리가 있다."

"왜 우리가 친구가 될 수 없나?"

그러자 제비들이 말했다.

"너희들이 말한 대로 하자."

"너희들은 이곳에서 우리와 함께해도 좋다."[6]

그래서 둘은 서로를 한 부족의 일원처럼 대했다. 그들은 함께 어울리고 서로를 친근한 이름으로 불렀다. 그들은 서로를 할머니, 할아버지, 손자, 형제, 자매라고 부르고 아버지와 아들, 어머니와 딸이라고 불렀다.

적어도 한동안은 두 부족이 조화롭게 함께 살았다. 그러다 곤충 남성 한 명이 제비 추장 아내와 지나치게 친밀해졌다. 추장이 공기 영혼 사람들을 앞에 두고 훈계했다. "우리는 너희를 친구나 혈족으로 대했다. 그런데 우리의 친절을 이렇게 갚다니! 너희는 이 세계도 떠나야 한다. 더는 너희와 함께할 수 없다."[7]

다시 추방당한 공기 영혼 사람들은 둘째 세계의 하늘 끝까지 올라갔다. 그들은 남쪽 지평선에서 구멍을 찾아 셋째 세계로 들어갔다. 메뚜기 사람들이 사는 노란 땅이었다. 하지만 얼마 안 가 침입자들은 집단의 규범을 어겨 추장을 화나게 했고 떠돌이 공기 영혼 사람들은 한 번 더 날아가야 했다. 그들은 셋째 세계의 꼭대기까지 올라가 다시 또 다른 하늘을 만나고 서쪽 지평선의 구멍을 통해 다른 세계로 들어갈 기회를 얻었다. 이번에는 더 낯선 넷째 세계에 가게 됐다. 하양, 파랑, 노랑, 검정으로 색이 바뀌는 세계였다. 하지만 그곳에는 아무도 살지 않는 것처럼 보였고 하늘을 비출 태양과 달도 없이 각 방향에 눈 덮인 산만 있었다. 낯선 새 땅을 며칠간 돌아다닌 곤충 사람들은 드디어 상상도 못한 낯선 종족을 만났다. 이들은 머리를 자르고 몸을 꾸밀 뿐 아니라 결혼을 하고 땅을 경작해 손님에게 옥수수와 호박을 대접했다. 첫째 세계와 넷째 세계의 주민들은 서로 친해졌다. 그 결과 곤충 사람들은 몸을 깨끗이 하고 행동을 조심하는 법을 배웠다.

어느 날 곤충 사람들이 목욕하며 여자들은 노란 옥수숫가루로, 남자들은 흰 옥수숫가루로 몸을 말리는데 이들이 마법에 걸린 듯 '처음 남자'와 '처음 여자'로 변했다. 곤충 사람들은 진짜 사람들처럼 근친상간을 저지르고 싸우고 싶은 마음이 들었지만 이제 새로운 길을 직접 찾을 정도로 분별력이 생겼다. 그러자 넷째 세계에서 조화가 무질서를 이기기 시작했다. 짧지 않은 일련의 모험을 겪은 후 이들은 구멍을 한 번 더 통과해 우리가 지금 알고 있는 다섯째 세계에 도달할 수 있었다. 이곳에서 그들은 마침내 자연과 또 서로와 완전한 조화를 이루며 살 수 있었다.

이제 처음 남자와 처음 여자는 다섯째 세계를 밝혀야 했다. 그들은 수정을 접시 모양으로 깎았다. 접시 가장자리를 작은 터키석 조각들로 장식하자 접시가 태양이 됐다. 그 바깥에는 붉은 빗줄기를 놓았다. 그 너머에는 번갯불을 두었다. 다음에는 태양과 똑같은 모양으로 달을 깎았다. 달은 바위별 운모로 만들었다. 사람들이 원하는 대로 우주를 바꾸고 개선하기 위해 달의 변화 주기에 맞춰 열두 달을 만들었다.

하지만 동이 트려면 해는 어디에서 나타나야 할까? 동쪽 바람이 넷째 세계의 성스러운 흙이 펼쳐진 자신의 지평선으로 새 빛을 가져오자고 사람들을 설득했다. 달도 같은 곳으로 옮겨졌다. 우리가 죽으면 이곳 다섯째 세계에서 한 일에 대한 적절한 보상으로 해와 달의 보살핌을 받는 곳에 가게 된다고 한다. 하지만 다섯째 세계의 밤하늘은 여전히 너무 어두웠고 특히 달이 뜨지 않은 밤에는 이동하기 어려웠다. 그래서 처음 남자와 처음 여자는 반짝이는 바위별 운모 한 줌으로 수백만 개의 별을 만들었다.

다음으로 처음 남자는 별자리를 만들 계획을 짰다. 별 하나를 움직이지 않는 북쪽 한곳에 두어 밤에 여행하는 사람이 그 별을 보고 방향을 정할 수 있도록 했다. 이 별을 잘 찾을 수 있도록 근처에 바위별 운모 조각 일곱 개를 더 놓았다. 북두칠성이다. 그다음 서쪽에 밝은 운모 한 무더기를 뿌리고 동쪽 하늘에도 한 개를 심었다. 샛별 또는 태백성이라 불리는 금성이다. 처음 남자는 이렇게 우리가 오늘날 보는 별자리를 천천히 만들었다. 그는 완벽한 결과를 얻기 위해 숙련된 장인처럼 일했다.

이제 처음 남자와 처음 여자는 산들에 이름을 붙여 새 주거지의 땅을 꾸미기 시작했다. 동쪽에는 시스나지니Sisnaajiní(시에라 블랑카 피크)를 짓고 남쪽에는 초질Tsoodzil(테일러산)을 뒀다. 서쪽에는 도코오슬리드Dook'o'oosłííd(샌프란시스코 피크)를 만들고 마지막으로 북쪽은 디베 니차Dibé Nitsaa(헤스페로스산)로 꾸몄다. 그들은 이 네 산을 동서남북 정방향에 지었다. 그곳에는 성스러운 사람들, 종류가 다른 사람들, 총명한 사람들이 살았고 이들은 햇살을 타고 무지개를 여행할 수 있었다. "어떤 세상의 그 무엇도 그들의 방식을 바꿀 수 없었다."8

두 사람은 다섯째 세계의 천체와 지상 환경을 원하는 대로 창조한 후 사회와 자연의 여러 도전을 받아들였다. 이제 디네 바하네는 사람들의 이야기가 된다. 나바호족이 될 집단이 모여 괴물들을 처단하고 초자연적인 신뢰를 회복한다. '호조hózhó'(아름다움, 균형, 조화)를 이루며 살아야 하지만 그 길은 긴장감과 위험으로 가득 차 있다.

우리는 약점을 극복할 수 있을까? 진정으로 친구가 되는 것이 정말 가능할까? 우리는 진정 신처럼 되려고 해야 할까? 성욕은 언제 파괴적 힘이 되는가? 우리는 왜 결혼해야 할까? 이 세상에서 우리 종족의 본성은 무엇일까? 디네 바하네가 사람을 중심에 두고 묻는 질문들이다. 이 문제들을 다루는 순환적 서사는 《신들의 계보》와 마찬가지로 반복되는 만남, 흩어짐, 회복 속에서 성쇠를 되풀이하는 행위들로 이루어져 있다.

가끔은 도움이 되지만 가끔은 모든 걸 되돌려 놓는 짓궂은 말썽꾸러기 동물, 코요테가 나바호족의 문명화를 다룬 이야기에서 중심역할을 한다. 코요테는 아메리카 전체 신화의 트릭스터면서 일종의 영웅이다. 트릭스터는 사람들이 두려워하는 상황을 마주하게끔 유도하며 대립하고 상충하는 인간의 본성을 드러낸다. 예를 들어 사람들이 앞으로의 일을 궁금해하자 코요테는 물에 돌을 던지며 맞추기 게임을 제안한다. "돌이 가라앉으면 우린 결국 사라질 거야. 하지만 떠오르면 계속 살지." 돌이 가라앉자 모두 화가 나서 코요테를 강물에 던져버리겠다고 위협했다. "잠깐!" 코요테가 말했다.

"내 말 잘 들어봐. 우리가 계속 살고 여자들이 계속 아기를 낳으면 사람들이 너무 많아질 거야. 자리가 없어지고 아무도 움직일 수 없을 거야. 옥수수 심을 땅도 없을 거야. 그러니 우리 각자가 나이 들어 노쇠해질 때까지 여기서 잠시만 사는 게 낫지 않을까? 사냥을 못할 때나 곡식을 심고 거두지 못할 때가 아니라, 생각하지 못하고 말을 못하게 될 때까지 말이야. 그때는 우리가 자리를 옮겨야 해. 젊은이들에게 모든 걸 넘기고 다음 세대를 위해 자리를 만들자."[9]

물속에 돌을 던져 주의를 끈 자가 타당하고 지혜로운 해답을 내놓았다. 사람들은 마지못해 코요테의 말에 동의했다. 모두 말이 없어졌다.

그럼 디네 바하네에서 '코요테 순환 이야기'라 불리는 많은 이야기 가운데 하나인 이 '죽음 단편'의 목적은 무엇일까? 이 이야기는 연작의 다른 이야기와 마찬가지로 우리가 원하는 상황을 실제 현실에 대비시켜 잘못된 믿음에 대한 교훈을 전한다. 코요테는 우리가 피해야 하는 특징들을 보여주며 실제 상황을 모방한다. 그는 대지 표면의 젊은 사람들이 조화로운 집단을 꾸리기 위해 피해야 하는 부조화를 들춘다.

하지만 그 많은 동물 중에 왜 코요테 트릭스터가 디네 바하네의 중심인물이 돼야 할까? 이 질문에 답하기 위해서는 다양한

푸에블로족Puebloan 우주론에 나타난, 생생한 자연의 힘을 보여주는 배리어 캐년 형식 Barrier Canyon Style의 바위그림(미국 유타주와 콜로라도주의 협곡에서 주로 발견되는 고대인들의 암각화 스타일).

문화 속의 사람들이 자신들이 사는 세상을 어떻게 인식하는지, 이 경우에는 미국 남서부에서 흔하게 나타나는 코요테의 실제 행동을 어떻게 바라보고 있는지 생각해봐야 한다.[10]

외부인이 나바호판 창조이야기에 푹 빠지지 못하는 이유는 동물과 사람 사이의 경계가 흐릿하기 때문인 것 같다. '사람들'이라는 단어마저도 오늘날의 인간과는 다른 생물에 적용된다. 처음 세상의 공기 영혼 사람들이 요즘 세상에 등장하고 그들은 손가락이 다섯 개인 지구 표면 사람들과 다르다고 묘사된다. 그들은 새처럼 하늘을 이동하며 층층으로 이루어진 세상을 차례로 방문한다. 공기 영혼 사람들은 파란 집에 살 정도로 가정생활에 익숙해진 둘째 세상의 제비 사람들을 찾아갔다가 방문 목적을 질문받는다. 이들은 자신들과 비슷한 "사람들"이 여기 있는지 확인하러 왔다고 대답한다. 이야기를 듣는 현대인들은 혼란을 느낀다. 비슷하게 셋째 세상의 귀뚜라미 사람들과 만나고 넷째 세상에서 앞머리를 네모로 자르고 땅 위의 집에 사는 등 인간과 더 비슷하게 생긴 거주민들을 찾아갔을 때는 방문자와 거주민의 부족 결합이 점차 진행돼 거의 이루어질 뻔하다가도 실패한다. 한때 부족했던 조화와 균형을 찾아가는 이야기는 참여 인물들의 행동을 통해 마침내 완성될 것이다.

이 모든 디네 바하네의 등장인물은 '사람들'이라고 나온다. 동물과 사람 사이에 확실한 해부학상의 차이가 없어 보인다. 이는 '존재'를 뜻하는 나바호족의 단어가 모든 형태의 생명에 적용되기 때문이다. 또 자연과 초자연 사이에도 뚜렷한 구분이 없다. 코요테의 투박하고 세속적인 행동은 비범한 변신 능력과 대조를 이룬다.

다른 생명체에 뒤섞인 인간성을 묘사하는 이야기는 인간과 동물, 생물과 무생물 사이의 경계를 강조하는 서양의 이원적 사고방식과 상충한다. 사람이 신의 형상을 따라 창조되고 지구상의 열등한 생물들을 다스릴 권한을 받는 유대교와 기독교의 개념을 생각해보라. 나바호의 사고방식에서 인간은 그런 우월한 지위를 누리지 못한다. 대신 그들은 강인한 영혼으로 가득한 살아 있는 우주에서 살아간다. 또 질서를 얻기 위해서는 동물처럼 생긴 신들과 중재 노력을 해야 한다. 이 세계에서 사람과 동물의 경계는 전적으로 협의가 가능하다.[11]

4장
태양을 창조한 아즈텍 영웅의 위대한 희생
메소아메리카

나바호족 다섯 사람들 이야기와 흥미로운 방식으로 비슷하기도 하고 다르기도 한 아즈텍족Aztec의 다섯 태양 이야기는 다른 많은 기원 이야기와 마찬가지로 창조가 단순한 일이 아니라는 점을 시사한다.[1] 신들은 그들을 경배하는 사람들처럼 초반 시도에서는 제대로 일하지 못한다. 미운오리새끼 이야기와 비슷하게 보란 듯이 세상을 창조하는 영웅, 나나우아친Nanauatzin(부스럼쟁이)은 겸손하고 매력도 없을뿐더러 화려한 장신구도 걸치지 않는다. 하지만 그는 용감하고, 자신에게 주어진 대단한 임부를 해낼 수 있다는 내면의 자신감이 있다. 그 임무란 떠오르는 태양이 되어 시간을 시작하게 하는 것이다. 나나우아친은 자신을 희생해 피를 제물로 바쳐 태양을 계속 움직이게 하라는 아즈텍 황제의 임무를 구현한다. 황제는 독수리 전사로 채워진 군사력을 동원해 이 임무를 완수한다. 독수리 전사들은 유럽과 접촉하기 직전 전쟁 상태나 다름없던 멕시코 중부에서 경쟁 도시들을 정복한 자들이다.

아즈텍족은 그들 역시 북쪽에서 온 보잘것없는 떠돌이 종족으로 시작했다가 신들의 가르침 덕에 수도 테노치티틀란Tenochtitlan(오늘날의 멕시코시티)을 지었다고 이야기한다. 이 창조 이야기의 주요 활동 무대가 근처의 테오티우아칸Teotihuacan이라는 사실은 적합해 보인다. 테오티우아칸은 아메리카의 위대한 고대 도시 중 하나로 10만 명 이상의 인구를 자랑하던 곳이었다. 그러나 그곳을 채운 사람들은 남서쪽으로 50킬로미터 떨어진 텍스코코호 유역에서 아즈텍족이 부상하기 몇백 년 전에 몰락했다. 아즈텍족에게 테오티우아칸은 그리스인들이 느끼는 미케네와도 같았다. 이곳에 들어온 초기 아즈텍인들은 높은 산들 사이에 버려진 거대 피라미드들을 떠돌면서 궁금증을 품었다. 이 산들을 쌓은 위대한 사람들이 우리의 조상일까? 그렇게 이야기가 시작된다.

여러 번의 창조(태양)가 있었다. 첫 번째 재규어 태양에서 신들은 거인 종족을 만들었다. 그들은 동굴에 살았다. 하지만 땅을 경작할 수 없다는 것이 드러나자 신들은 거인 종족을 없애버리고 새 작업을 시작하기로 했다. 그래서 재규어를 보내 거인들을 잡아먹게 했다. 그다음 바람의 태양에서 신들은 보통 크기의 사람들을 만들어 지표면에 두었다. 하지만 시간이 지날수록 사람들이 난폭해지고 창조자들을 기리는 일을 게을리할 때가 잦았다. 신들은 맹렬한 바람을 일으켜 이들을 날려버리고 나무에 매달려 살아남은 생존자들을 원숭이로 변하게 했다. 세 번째 시도에서는 불과 비의 태양을 창조했다. 이때 만들어진 사람들은 땅을 경작할 줄 알았다. 하지만 농사에 거의 관심이 없었고 특히 가뭄으로 식물이 병들었을 때는 더했다. 힘들게 창조된 사람들이 보이는 행동에 넌더리가 난 신들은 화산을 폭발시키고 불비를 내려 이들도 없애버렸다. 불꽃을 피한 사람들은 새로 변했다. 다음으로 네 번째 태양인 물의 태양이 나타났다. 안타깝게도 이 사람들 역시 너무 이기적이어서 제거해야 했다. 이번에는 신들이 퍼부은 폭우로 홍수가 일어나 사람들이 사라졌다. 생존자들은 물고기가 됐다.

　우리는 다섯 번째 태양인 '움직이는 태양' 시대에 살고 있다.

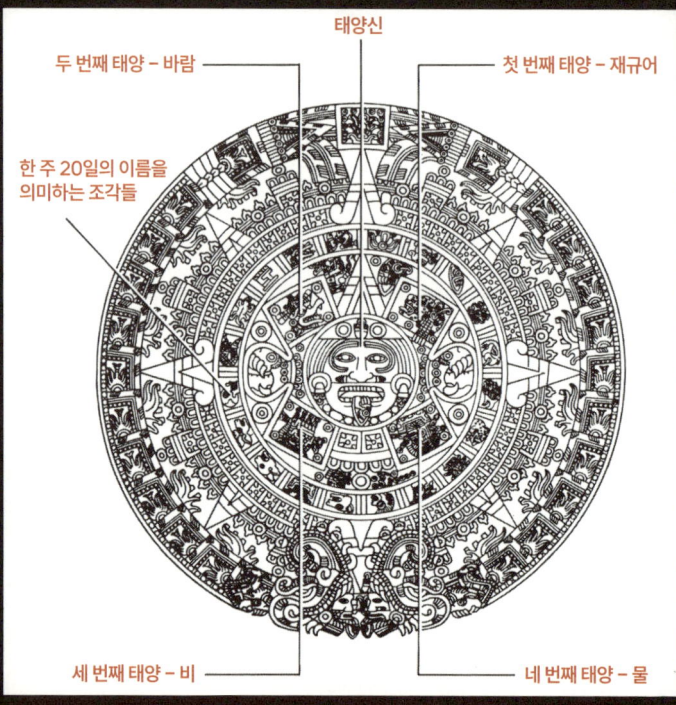

다섯 개의 창조 시기를 순환하는 시간으로 묘사한 아즈텍족의 태양의 돌. 움직이는 태양이 중앙에 있다.

다섯 번째 태양은 버려진 고대 도시 테오티우아칸에서 태어났고 이곳에서 시간이 시작됐다. 이곳은 신들의 고향이었다.

모든 것이 어둡고 태양이 아직 모습을 드러내지 않았을 때 신들이 그곳에 모였다. 그들은 서로에게 조언을 얻으며 질문했다. 누가 짐을 짊어질 것인가? 누가 짐을 지고 태양이 되어 새벽을 불러올 것인가? 테쿠시스테카틀Tecuciztecatl(테시테카틀 Tecciztecatl)이라는 오만하고 가식적인 달팽이 왕이 즉각 대답했다. "내가 하겠습니다!" 신들이 물었다. "또 누구 없습니까?" 아무도 나오지 않았다. 신들은 경쟁을 붙이기 위해 신들 가운데 하나를 더 고르기로 했다. 놀랍게도 그들은 거의 알려지지 않고 얼굴에 부스럼이 가득한 나나우아친이라는 신을 골랐다. 한쪽에서 조용히 듣고 있던 그는 모든 신 중 가장 별 볼 일 없는 축에 들었다. "그대가 해주셔야겠습니다!" 신들이 한목소리로 말했다. 나나우아친이 즉각 대답했다. "기쁜 마음으로 받아들이겠습니다. 여러분은 저에게 항상 잘해줬으니까요."

위대한 임무를 수행하기 위해 테쿠시스테카틀과 나나우아친은 테오티우아칸의 누 언덕으로 떠나 나흘 동안 단식과 고행을 수행했다. 지금도 두 언덕을 볼 수 있는데 우리는 이를 태양 피라미드와 달 피라미드라고 부른다. 한편 테오티우아칸 지평선을 따라 매서운 불길이 타올랐다. 테쿠시스테카틀이 앞으로 나와 케찰의 깃털로 만든 전나무 가지와 금으로 된 풀 공grass ball,

터키석으로 만든 용설란 선인장 가시, 최고급 향료를 가지고 고행하겠다고 나섰다. 가난한 나나우아친은 물골풀로 만든 전나무 가지와 초록 풀 공, 평범한 용설란 가시만 내놓을 수 있었다. 향료는 그의 상처에 앉은 딱지뿐이었다.

넷째 날이 끝나는 자정, 희생자들이 장신구를 받았다. 테쿠시스테카틀은 끝이 두 갈래로 갈라진 왜가리 두건과 민소매 상의를 받았다. 나나우아친은 두건, 숄, 아랫도리 가리개를 받았는데 모두 평범한 종이로 만들어졌다. 신들이 테오티우아칸 중앙에 두 줄로 정렬했다. 그리고 테쿠시스테카틀과 나나우아친을 중앙에 세우고 그들을 둘러싸고 타오르는 불길을 향하게 했다. 신들이 테쿠시스테카틀에게 말했다. "테쿠시스테카틀, 용감하게 불길로 뛰어드십시오!" 결의에 찬 테쿠시스테카틀이 불꽃에 몸을 던지기 위해 앞으로 달려 나갔다. 곧 강렬한 열기가 느껴졌다. 도무지 견딜 수 없는 열기였다. 그의 피부를 거의 녹일 정도였다. 가까이 갈수록 불꽃이 더욱 높이 치솟았다. 테쿠시스테카틀은 겁에 질렸고 두려움에 떨며 걸음을 멈췄다. 그리고 몸을 돌려 물러났다. 그는 용기를 쥐어짜 한 번 더 시도했다. 하지만 두 번째는 뒤로 펄쩍 몸을 날리고 말았다. 세 번째와 네 번째도 모두 실패했다. 테쿠시스테카틀은 패배했다. 그는 부끄러워하며 슬그머니 물러났다.

이제 나나우아친이 부름에 답할 차례였다. "그대 나나우아친이여, 앞으로! 용기를 내시오." 단단히 결심이 선 나나우아친은 마음을 굳히고 단호하게 눈을 감았다. 그에겐 두려움이 없었다. 그는 멈추지 않았다. 공포로 흔들리지 않았고 뒤돌아가지 않았다. 그는 빠르게 불 속에 몸을 던졌고 그렇게 불에 탔다. 몸에서 타닥타닥 튀는 소리와 지글지글 끓는 소리가 났다. 테쿠시스테카틀도 이 모습을 보고 불 속으로 몸을 던져 타올랐다. 하지만 이미 늦었다. 불길에 처음 뛰어든 자만이 태양이 될 수 있었다. 이 희생으로 아즈텍 사람들은 용맹한 사람을 '콰우틀로셀로틀 quauhtlocelotl'(전사)이라고 부르게 됐다. 독수리(콰우틀)와 오셀롯(오셀로틀) 역시 나나우아친을 따라 불 속으로 들어가는 걸 봤기 때문이다.

이제 신들은 모두 어둠 속에서 나나우아친이 어디서 떠올라 태양이 되는지 보려고 기다렸다. 새벽을 기다리며 모두 앉아 있었다. 신들은 아주 오랫동안 기다렸다. 그때 사방이 붉어지며 새벽이 찾아왔다. 신들은 무릎을 꿇고 태양이 된 자가 어느 쪽에서 나타날지 살폈다. 그들은 전 방향을 봤다. 사방을 응시하며 계속 두리번거렸다. 일부는 북쪽이라고 생각해 그쪽을 봤고 일부는 서쪽이라고 생각했고 일부는 남쪽이라고 혹은 동쪽이라고 생각했다. 어디에서나 빛이 보였다. 그럼 모든 방향에서 태양이 벼오를까? 그러나 진실은 동쪽을 바라본 이들의 말에서 나왔다. 케찰코아틀Quetzalcoatl(배움), 에헤카틀Ehecatl(바람) 등 테오티우아칸에서 아즈텍 조상의 신이 되는 이들이 동쪽을 보며 "저곳에서 태양이 떠오를 겁니다"라고 한 것이다.

태양이 드디어 튀어나왔을 때는 붉었고 계속 양옆으로 불안하게 흔들렸다. 불빛에 가려졌기 때문에 그의 얼굴을 바라보기는 불가능했다. 그는 매우 강렬하게 빛났다. 그는 사방으로 자신의 광선을 뿜었고 빛나는 햇살은 모든 곳을 뚫고 들어갔다. 신들이 그를 안정시키고 밝기를 누그러뜨렸다. 그때 테쿠시스테카틀이 새로 창조된 태양의 뒤를 따라 동쪽에서 떠올랐다. 이 둘은 원래 똑같이 눈부셨지만 신들이 그걸 보고 다음과 같이 말했다고 한다. "어떻게 이런 일이 있겠습니까? 둘이 함께 같은 길을 따라가다니요? 이렇게 둘 다 빛날 수 있나요?" 이런 일이 일어나서는 안 된다는 걸 깨달은 신 한 명이 둘째 태양 테쿠시스테카틀의 얼굴에 토끼를 던져 얼굴을 어둡게 하고 밝은 빛을 없앴다. 그래서 그는 보름달이 됐다. 지금도 자세히 보면 달 얼굴에 어두운 토끼 자국이 있는 것을 확인할 수 있다.

하지만 여전히 해도 달도 움직일 수 없었다. 둘은 동쪽 지평선 위아래로 서서 꼼짝하지 않고 있었다. 그때 바람의 신 에헤카틀이 앞으로 나왔다. 그가 있는 힘을 다해 사납고 맹렬한 바람을 일으키자 태양이 서서히 움직이며 길을 떠났다. 에헤카틀이 두 번째로 사나운 바람을 일으키자 태양이 반대쪽 지평선에 닿을 때쯤 달도 움직이기 시작했다. 하지만 속도는 달랐다. 그래서 둘은 서로를 지나쳐서 계속 갔다. 그러므로 태양은 아침에 떠오른 후 낮에 종일 일하고 보름달은 밤에 임무를 맡는다. 만일 달이 된 테쿠시스테카틀이 먼저 불 속에 뛰어들었다면 태양이 될 수 있었을 것이다. 어쨌든 먼저 나서기도 했고 고행을 위해 값비싼 물건을 내놓기도 했다. 아아, 그러나 그는 가장 중요한 순간에 행동하지 않았다.

일을 마친 후 신들이 말했다. "우리를 통해서 태양이 언제나 부활하도록 합시다. 이제 우리가 모두 죽음을 맞이합시다." 그래서 오늘날 우리는 움직이는 태양을 창조해준 신들에게 진 빚을 갚으려고 제물을 바친다. 이 모든 일이 그곳 테오티우아칸에서 일어났다. 과거에도 몇 번이나 이야기되고 옛사람들 마음속에 언제나 살아 있던 이야기는 이렇게 끝이 난다.

신들의 죽음에는 호혜의 가르침이 들어 있다. 군사정권에서 선물 교환이 상관과 부하 사이의 위계 관계를 정립하듯 희생도 신과 숭배자들 사이에 똑같은 관계를 설정한다. 아즈텍 사람들은 신들이 사람들을 위해 자신을 희생하고 시공을 창조했으므로 우주가 신들의 것이라고 믿었다. 그래서 시간의 순환을 방해하지 않게 습기와 건조함, 삶과 죽음, 태양과 달처럼 하늘에 떠 있는 존재의 나타남과 사라짐이 영원히 교차하도록 했다. 선물이 클수록 세계의 운명은 더 안정된다. 14세기 후반부터 15세기 초 아즈텍 왕국이 이곳을 점령했을 당시, 특히 태양과 전쟁의 수호신 우이칠로포치틀리Huitzilopochtli에게 제물을 바칠 때 피를 바치는 의식이 최고조에 달했다. 전쟁에서 잡은 포로의 피를 제물로 바쳐야만 다섯 번째로 창조된 태양을 지킬 수 있었다. 이런 희생 제의는 테노치티틀란의 아즈텍 신전 가운데 가장 눈에 띄는 템플로 마요르Templo Mayor에서 치러졌다. 피를 바치는 풍습을 멈추면 다섯 번째이자 마지막 태양이 파괴될 것이다. 이번에는 '움직이는 태양'이라는 이름이 시사하듯 거대한 지진이 일어날 것이다. 연기가 피어오르는 포포카테페틀 화산은 불이 비가 되어 태양을 파괴한 이야기에 영감을 주었을 것이다. 잦은 지진으로 몸살을 앓고 주위에 산이 많은 멕시코시티의 환경은 이런 독특한 창조이야기 속 행위의 완벽한 배경이 됐다.

5장
안데스 산맥에서 펼쳐진 가난한 신의 전투
남아메리카

남아메리카 안데스 산맥에서는 위아래로 기복이 심한 환경 속에서 모든 것이 어디에 놓여 있는지에 따라 다르게 인식된다. 그 이유를 알고 싶다면 페루의 태평양 해안에서 승용차나 버스를 타고 고지대로 여행을 떠나보자. 안데스 생태계의 비범한 변화를 하루 만에 경험할 수 있을 것이다. 초록이 무성한 저지대에서 몇 시간만 올라가면 라마 목동들이 거주하는 혹한의 고지대에 도착한다. 안데스 산맥을 연구하는 인류학자들이 '상호보완적 수직 이원성'이라고 부르는 균형과 질서의 정신은 이러한 산악 기반 문화 고유의 특성에서 비롯된다.[1]

저지대 농부와 고지대 목동의 경쟁을 생각해보자. 15세기 후반에서 16세기 초 에콰도르부터 칠레에 걸친 세 개의 평행한 산맥으로 뻗어나가며 정점에 이른 잉카 제국은 이런 위아래 경쟁 패러다임을 따라 고도의 조직 체계를 갖췄다. 이곳의 창조이야기는 문명이 발달한 고지대에서 산, 폭풍, 물을 다스리는 풍요의 신이자 문명을 일으킨 자, 파리아 카카^{Paria Caca}가 저지대의 야만적 불의 신 우아야요 카루인초^{Huallallo Caruincho}에게 거둔 승리를 축하한다. 이야기를 전하는 사람들은 페루 고지대의 야우요스족^{Yauyos}으로, 이들은 자신들이 16세기 유럽이 침략하기 전 저지대 해변에 살던 윤카족^{Yunca}을 정복하고 다스린 잉카족^{Inca}의 자랑스러운 후손이라고 여긴다. 이들이 사는 고지대와 해안 사이의 가파른 환경이 고지대와 저지대 사람들 사이에 놓인 주요 갈등의 배경이 된다. 누가 물을 지배할 것인가?[2]

   이 전투의 주인공은 '우아카^{huacas}'들이다. 우아카는 초인적 성격을 부여받은 모든 물질을 일컫는다. 산, 봄, 땅에 박힌 바위, 부서진 건물, 나무, 동물, 심지어 조상의 미라도 우아카가 될 수 있다. 오늘날 우리의 세계와 달리 야우요스의 세계는 물질과 영혼을 구분하지 않는다. 그리고 야우요스 영웅은 다른 많은 초자연적 존재와 달리 자연 밖이 아닌 안에서 활동한다. 신화 속 주인공들의 이 같은 평범한 모습은 안데스 산맥의 풍경에서 유래했을 거라고 쉽게 짐작할 수 있다.

옛날에는 우아카라고 불리는 초능력을 지닌 신성한 존재들만이 풍경을 이루고 있었다. 바닷가에서 온 두 우아카, 야나 냠카Yana Ñamca와 투타 냠카Tuta Ñamca가 처음으로 사람이 되었다. 그러나 둘은 사람을 먹는 자, 사람을 마시는 자라고도 하는 불 괴물 우아야요 카루인초에게 패배했다. 처음 사람들에게 아이를 두 명만 낳으라고 한 것도 그였다. 그럼 부모는 둘 중 더 사랑하는 아이를 키울 수 있고 남은 하나는 우아야요 카루인초가 잡아먹는다. 이 시기에는 사람들이 죽은 지 5일 만에 다시 살아났고 식물도 심은 지 정확히 5일 후에 성숙했다. 원주민들은 자신들을 윤카족이라 불렀다. 결국 바닷가와 가까운 따뜻한 계곡에 사람들이 많이 살게 됐다. 이들은 생계를 꾸리기 위해 가까운 산의 바위 표면을 파냈다. 지금도 이들이 만든 계단식 밭이 남아 있는 것을 볼 수 있다.

안타깝게도 세상은 종말을 원했다. 태양이 5일 동안 어두워지고 고지대 바위들이 서로 부딪치기 시작했다. 바다가 넘쳐서 땅을 덮치려 했다. 살고 싶으면 비카코토Villca Coto산으로 올라가는 게 좋겠다고 우아카들이 경고했다. 슬프게도 윤카속 몇 명만 정상까지 올라갈 수 있었으며 이곳은 이미 여우, 라마, 콘도르 등 온갖 동물이 수없이 올라와 있었다. 이어지는 홍수로 사람들

안데스 산맥에 위치한 파리아카카산.
물과 폭풍을 다스리는 신답게 위풍당당한 모습으로 눈 망토를 걸치고 있다.

천 개의 우주 〰〰 제1부 산

이 거의 전멸했다. 마침내 땅이 마르고 사람들의 수가 다시 늘어났다. 비카코토산에서 살아남은 사람들이 우리 조상이 됐다.

이 비문명화된 사람들은 서로 전쟁을 벌이는 데 많은 시간을 보냈다. 그들은 강하고 부유한 자만 지도자로 인정했다. 이때 물과 폭풍의 신, '파리아 카카'라고 하는 우아카가 콘도르코토 Condor Coto 산의 매 다섯 마리가 낳은 알들에서 태어났다. 그는 훗날 인간이 되어 세계를 여행하고 사람들을 교화하려고 애쓴다. 하지만 우선 우아야오 카루인초와 큰 전쟁을 치러야 했다. 이 임무를 위해 그는 아들 우아티아 쿠리 Huatya Curi 를 보냈다.

우아티아 쿠리는 아주 겸손했다. 또 가난하기도 했다. 누더기를 걸치고 가난한 사람들이 먹는 대로 먹었으므로 고지대 사람들 야우요스는 그를 '구운 감자 줍는 사람'이라고 불렀다.[3] 우아티아 쿠리는 또한 모든 동물의 길을 알았고 매우 영리했다. 이 사실은 그가 돌아다니다가 탐타 냠카 Tamta Ñamca 라는 부자를 알게 되면서 드러났다. 이 부자는 평생 자신이 신이라고 말하며 많은 사람을 속였다. 불행히도 탐타 냠카의 건강은 그의 부유함만 못 했다. 그는 몇 년 동안 알 수 없는 끔찍한 병에 시달리고 있었다. 사람들은 그렇게 부유하고 아는 것도 많고 강한 사람이 과연 그렇게 아플 수 있는지 의아해했다. 의사와 샤먼을 아무리 데려와도 아무도 무슨 병인지 몰랐다.

우아티아 쿠리가 언덕길을 지나다가 여우 떼를 마주치게 됐다. 무슨 일이라도 있냐고 묻자 여우가 대답했다. "저 마을에 신인 척하던 남자 하나가 아픕니다." 우아티야 쿠리가 탐타 냠카의 화려한 저택을 찾아가다가 젊은 여인을 만나 물었다. "이 마을에 아픈 사람이 있나요?" 여인이 대답했다. "아픈 사람이 저희 아버지입니다." "제가 아버님을 고쳐드리겠습니다." 우아티아 쿠리가 대답했다. 두 사람은 집 안으로 들어갔고 여인이 말했다. "아버지, 여기 가난한 사람이 와 있습니다. 그가 저에게 와서 '아버지의 병을 고쳐 드리겠다'고 했습니다." 이 말을 듣고 주인 옆에 앉아 있던 현자들이 모두 웃음을 터뜨렸다. "우리가 그를 치료하지 못하는데 이런 보잘것없는 자가 어떻게 그를 낫게 하겠소?" 하지만 탐타 냠카는 너무 고통스러웠으므로 대답했다. "그 자가 어떤 사람이든지 상관 말고 들여보내거라."[4]

    부유한 주인이 불러 침대 옆으로 간 우아티아 쿠리는 주인이 딸을 준다고 약속해야만 병을 고쳐주겠다고 말했다. 탐타 냠카는 이 제안에 떨 듯이 기뻐했다. 하지만 주인의 큰딸의 부유한 남편 안치 코차 Anchi Cocha가 이 말을 듣고 발끈했다. "너같이 별 볼 일 없는 놈이 감히 나처럼 강력한 자의 처제와 결혼을 한다고?" 그리고 조용히 중얼거렸다. "저 거지 놈에게 단단히 창피를 주겠어." 그래서 이 미래의 동서는 우아티아 쿠리에게 도전장을 내밀었다. "술과 춤으로 대결해보자!"[5] 부자가 먼저 나섰다. 그는 무희 200명과 함께 자신의 팬파이프 악단이 연주하는 음악에 맞춰 대단한 춤을 선보였다. 순서를 마치자 가난뱅이가 미래의 부인과 북 치는 스컹크를 데리고 춤을 췄다. 스컹크의 북은 매우 특별했다. 북이 박자를 타기 시작하자 주변 산들이 함께 진동했다. 우아티아 쿠리는 이런 인상적인 춤으로 모두를 제치고 승리했다.

다음 시합은 옥수수맥주 마시기였다. 우아티아 쿠리가 손님이 되어 상석에 앉았고 다른 사람들은 주변에 앉아 안치 코차가 주는 맥주를 쉬지 않고 받아 마셨다. 받은 술을 한 방울도 남기지 않고 다 마셨는데도 다들 아무 문제가 없었다. 이제 우아티아 쿠리 차례였다. 그는 목이 길고 좁은 술병에 옥수수맥주를 담아 사람들에게 대접하기 시작했다. "저렇게 작은 병으로 어떻게 이 많은 사람을 대접할 수 있겠어?" 사람들이 그를 조롱했다.[6] 하지만 이 병은 바닥이 없는 아주 특별한 병이었다. 그가 술을 따르자 다들 계속 받아 마셨다. 사람들이 한 명씩 고꾸라졌고 곧 우아티아 쿠리 외에는 아무도 똑바로 앉아 있지 못했다. 이번에도 그가 이겼다!

속임수에 화가 난 동서가 다른 대회를 제안했다. 이번에는 옷 입기 대회였다. 부자는 최고급 퓨마 가죽을 걸쳐 구경꾼들을 놀라게 했다. 우아티아 구리는 눈으로 만든 아버지의 의상을 입어 모두의 환성을 자아냈다. 특히 겉옷이 물로 변해 하늘로 올라갔다가 우리가 오늘날 보는 무지개로 변하자 모두 열광했다.

화가 난 부자가 집짓기로 한 번 더 겨루자고 고집했다. 부자는 도와줄 사람이 많았으므로 하루 만에 집 전체를 거의 다 지었다. 그러나 가난한 우아티아 쿠리는 동료 한 사람만 데리고 일하느라 기초만 간신히 끝냈는데 해가 떨어졌다. 하지만 다음날 날이 밝자 상대방은 완벽하게 마무리된 아름다운 우아티아 쿠리의 집을 보고 경탄을 금치 못했다. 밤사이 온갖 종류의 새, 뱀, 그 밖의 다른 동물들이 벽을 올려준 것이다. 과나코와 비쿠냐(라마처럼 생긴 낙타과 동물)는 산에서 지붕에 쓸 재료를 가지고 왔다. 붉은스라소니도 그를 도왔는데 과나코와 비쿠냐 뒤를 바짝 쫓아서 동물들의 발굽으로 인한 진동 때문에 땅이 흔들리고 부자의 집이 무너지게 된 것이다. 우아티아 쿠리가 부유한 경쟁자에게 말했다. "어서 가시오. 당신은 날 너무 많이 괴롭혔소. 이제 당신을 죽여야겠소!"[7] 그는 동서와 처형을 쫓아 산을 내려가 바닷가까지 갔다. 거기서 안치 코차는 마자마사슴으로 변해 사라졌다. 하지만 우아티아 쿠리는 처형을 길에서 붙잡아 거꾸로 세운 후 돌로 변하게 했다.[8] 그녀는 오늘날 고지대로 올라가다 만나는 산길이 됐다.

우아티아 쿠리는 마을로 돌아와서 탐타 냠카를 치료하겠다는 약속을 지켰다. 알고 보니 그는 지붕 위에 살던 뱀 한 쌍과 숫돌 아래 사는 머리 둘 달린 두꺼비 때문에 병에 걸린 것이었다. "이제 그놈들을 죽일 겁니다. 그럼 병이 나을 겁니다. … 그런데 당신이 그렇게 강한 사람인가요? 그건 사실이 아닐 겁니다."[9] 이제 겸손해지고 고마운 마음도 갖게 된 부자는 우아티아 쿠리와 딸의 결혼을 허락했다. 술책으로 적을 이기는 법을 배운 우아티아 쿠리는 이제 가장 강력한 임무를 수행할 준비가 됐다. 불 괴물이자 사람을 먹는 자, 우아야요 카루인초와 필연적인 전투를 치러야 했다.

전투 날 이른 아침 우아야요 카루인초는 거대한 불길이 되어 화산에서 하늘까지 솟구쳤다. 우아티아 쿠리도 전투를 시작했다. 아버지와 마찬가지로 다섯 개의 알에서 태어난 그의 인격이 다섯 방향에서 각각 비가 되어 내렸다. 비는 노란색과 붉은색이었다. 번개도 다섯 방향에서 번쩍거렸다. 하지만 우아야요 카루인초는 꺼지지 않았다. 한편 우아티아 쿠리의 비는 세차게 바다로 흘렀다. 물이 너무 많아져 바다 높이가 올라가고 땅을 덮기 시작했다. 그때 우아티아 쿠리의 다섯 자아 중 하나가 산을 무너뜨려 아래에서 올라오는 물을 막았다. 그렇게 거대한 호수가 만들어졌고 그곳에 채워진 물이 우아야요 카루인초의 불을 둘러싸면서 거의 꺼트렸다. 우아티아 쿠리는 쉬지 않고 번개를 내리쳐 적에게 쉴 틈을 주지 않았다.

드디어 기진맥진해진 우아야요 카루인초가 저지대로 도망쳤고 다시는 고지대의 야우요스 영토에 모습을 나타내지 않았다. 우아티아 쿠리는 윤카족 숭배자들도 모두 같이 쫓아냈다. 이

후 바로 그곳 고지대에 자신의 다섯 자아에서 내려온 혈통으로 구성된 추종자 집단을 만들었다. 그리고 자신의 이름을 딴 산의 정상에 거처를 지었다. 사람들에게 그곳에서 자신을 경배할 것을 명령하고 그들은 모두 태생이 같은 가족이라고 이야기했다. 또한 고지대 마을의 각 수장에게 일 년에 한 번씩 그의 삶을 재연하는 의식을 치르라고 지시했다. 이 의식은 눈금이 새겨진 어떤 벽에 닿은 태양 광선에 그림자가 생기지 않을 때 일어나야 했다. 나중에 고지대에 들어온 기독교인들이 이 눈금을 바꿔 그들이 중요시하는 부활절 축제와 일치하도록 만들었다는 이야기가 전해진다.[10]

6장
대지의 소금을 불러온 아마존 여신의 변신

남아메리카

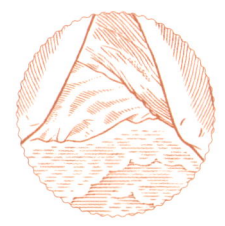

실향민이나 이민족 등 거주지를 옮기는 사람들은 떠나기 전에 살던 곳의 이야기와 새로 정착한 곳의 이야기를 이어야 한다. 인류학자들이 '장소 만들기'라고 하는 이 과정은 종종 문화와 풍경 사이의 관계를 복잡하게 만든다. 아마조니아(아마존강 유역 전체를 이름 – 옮긴이) 서부 남아라와크족Southern Arawak 사람들은 신성한 행위와 함께 풍경이 나타났고 그 풍경이 현재 우리가 보는 세상이 되었다고 말한다. 풍경을 창조한 힘은 여전히 살아남아 사람이나 동물과 교류하면서 계속 땅의 형태를 다듬는다.

'소금 언덕'이라는 뜻의 세로 데 라 살Cerro de la Sal은 남아라와크족이 오랫동안 성스럽게 여긴 곳으로 포삽노강과 엔타스강이 교차하는 곳에 있다. 이곳은 소금 여신 파레니Pareni의 신체가 변해서 생겨난 곳인데, 파레니는 '야파 포스(아구티 소금)'나 '마야로 포스(재규어 소금)' 같은 여러 종류의 재료를 사람들에게 주어 음식의 영양가를 높이고 맛을 좋게 했다. 그중 가장 값진 식용 소금은 '케토트 포스' 즉 붉은 소금이다. '토마 포스(앵무새 소금)'와 '에라사냐트사 포스(피 소금)'처럼 조심해야 하는 비식용 소금도 있었다.

야네샤족Yanesha은 페루 중부 아마존 분지의 정글과 안데스 산맥 기슭이 만나는 곳에 산다. 이들의 창조이야기는 지구에 소금이 생긴 기원을 설명하고 신성한 장소를 나타내는 정신적 광물 지도를 우리에게 전달한다. 야네샤족이 현재의 거주지를 찾을 수 있었던 것은 경계가 없던 곳에서 신들이 변신을 했기 때문이다. 야네샤족의 창조이야기 속 인물들은 사람들을 이곳으로 이끈 이동 경로를 그대로 따라간다.[1]

태초에는 인간, 동물, 영혼, 신이 모두 불멸이었다고 한다. 이들은 인간 형태를 하고 있었고, 늘 조화롭지는 않아도 대지를 공유하며 살았다. 당시에는 사악한 신 욤포르 레트Yompor Rret가 하늘을 지배했다. 그는 원시 지구의 하늘을 밝히고 사람들을 죽이는 데서 특별한 기쁨을 느꼈다. 자애로운 신 욤포르 로르Yompor Ror는 동정심을 느껴 욤포르 레트를 내쫓기로 하고 하늘에 올라가서 그 자리에 새 태양을 두려고 했다. 하지만 도와주러 온 욤포르 로르의 형들과 누나들이 계획이 진행되는 걸 보고 너무 신이 나서 앞서 가버렸다. 이에 화가 난 욤포르 로르는 분별력을 잃게 됐다. 그래서 하늘로 올라가는 지점으로 삼은 체포레펜Cheporepen 산으로 가는 길에 조급하게 변신술을 사용했다.

욤포르 로르는 우선 원시 형태의 동식물을 야네샤족이 오늘날 아는 모습으로 바꿨다. 그가 동식물을 마주친 체포레펜 계곡의 개울들은 여전히 그 이름을 간직하고 있다. 욤포르 로르는 다음으로 길에서 만난 원시 야네샤족 몇 명을 돌로 만들었다. 이들은 잡은 물고기를 남들과 나누지 않고 강 하류로 연기만 흘려보낸 남자와 색이 아름다운 앵무새들을 잡고도 나눠주기를 거부한 여행객들 등 그가 믿는 도덕규범을 지키지 않은 사람들이었다. 이들의 모습 역시 산에서 정글로 향하는 날카로운 흰 절벽과 초로밤바Chorobamba강 둑을 따라 굴러온 웅크린 바위들을 자세히 살펴보면 확인할 수 있다. 욤포르 로르가 그렇게 늦게 도착하지만 않았어도 오늘날 이 지역에서 물고기 잡기가 이 정도로 힘들지는 않았을 것이다.

욤포르 로르는 형들과 누나들을 따라잡은 후 이들 역시 돌로 변하게 했다. 그중 작고 반짝이는 하얀 돌 하나는 훗날 백인에게

도둑맞았다. 다른 한 명하고는 큰 싸움이 벌어지는 바람에 주변 언덕에서 자라던 초목이 큰불에 타버렸다. 요즘도 이곳은 키 큰 풀만 자란다. 이렇게 지구가 현재 형태를 갖추게 됐다. 욤포르로르가 드디어 체포레펜산에 도착해 하늘로 올라가고 다른 신들이 쫓아갔다. 인간과 신이 가까이 지내던 시기가 이렇게 끝나고 신들은 별과 별자리가 됐다.

이후 사회가 형성되기 전까지 대지는 키파트시Kipátsi라는 강력한 여신이었다. 키파트시는 세상에 존재하는 모든 것을 신성한 숨결로 창조할 수 있었다. 그녀에게 중요한 영향을 준 신들 가운데 인간 원형을 한 소금신 파레니가 있었다. 그녀는 강력한 변형술을 타고났다. 파레니는 몇 번 결혼했지만 안타깝게도 항상 운이 나빴다. 그러다 보니 계속해서 남편을 현재의 동물 모양으로 바꿔야 했다. 처음에는 벌새로 바꾸고 두 번째는 쇠똥구리, 세 번째는 꼬마꽃벌로 바꿨다. 그러다 원시 아르마딜로, 킨테로니Kinteroni와 결혼했다. 킨테로니에게는 파레니와 거의 동등한 변형 능력이 있었다. 킨테로니와 그의 사악한 형제 파차카무이Pachakamui는 함께 돌아다니며 처음 세상에서 만난 거의 모든 존재를 원숭이, 사슴, 맥 같은 동물로 바꿨다. 그들은 심지어 파레니의 아들들까지 물고기로 바꿨다. 형제는 비범한 능력에 지나치게 중독된 나머지 실수로 자신들까지 바꿔버렸다. 킨테로니는 거대한 아르마딜로가 됐고 파차카무이는 야자수가 됐다. 이 모든 변화가 일어난 개울들의 이름이 지금까지 남아 있다.

이제 파레니는 고독했다. 아이들은 딸 하나만 빼고 모두 동물로 바뀌었다. 그녀는 딸과 함께 물고기 아이들을 평화롭게 키울 수 있는 곳을 찾아 긴 여행을 떠났다. 우루밤바강으로 내려갔다가 탐보강과 페레네강으로 올라가며 다른 부족들이 점령한 영토를 지났다. 파레니가 멈춰서 소변보는 곳마다 염천이 샘솟았고 소금이 풍부한 퇴적물과 소금 진흙이 생겼다고 한다. 염전의 물을 뜻하는 치미아토Chimiato, 염천이라는 의미의 티비아Tiviha, 소금물을 뜻하는 포티아리니Potiarini 등 이 장소의 이름이 지금도 남아 있다. 드디어 파레니와 딸은 페레네강 상류에 정착했다. 그곳에서 파레니는 마지막으로 딸과 함께 소금 광산으로 변했다. 오늘날에도 사람들은 파레니의 여정을 따라가면서 자신들이 어디에서 왔는지 기억할 수 있다. 그리고 마치겡가Matsiguenga 지역의 파레니라는 큰 언덕이 된 여신을 찾아갈 수도 있다. 불그스름하고 넓은 소금 광맥이 여신의 표식이다. 이 언덕 아래에는 티비아리Tiviari(소금강)의 짠물이 흐른다. 옆에는 하얀 소금 광맥이 흐르는 작은 언덕이 있는데 바로 파레니의 딸이다. 이야기가 모두 풍경에 쓰여 있다.

창조 이전에는 혼돈만이 있었다. 일종의 허무, 허공, 또는 빈 자리, 틈, 심연이었다. 혼돈은 하나로 뭉쳐 있던 천지가 분리되기 전부터 그곳에 있었다. 그런 무정형을 경험한 사람은 아무도 없다. 많은 신화에서 기원을 묘사할 때 사용된 언어로 본다면, 현대 우주론자들 역시 우주의 시작을 여전히 그와 비슷하게 생각한다. 140억 년 전 빅뱅이 일어나던 바로 그 순간을 원시적이고 이해할 수 없는 혼돈 상태라고 보는 것이다. 우리가 그 상황의 진실을 알 수는 없다. 우리는 혼돈이 의식할 수 없고 측정할 수 없는 고온-고밀도 상태이며 모두 '특이점'이라는 한 점으로 수렴한다고 상상만 할 뿐이다. 그것이 무엇이었든 혼돈은 빠르게 물질과 에너지로 분리되었고 이는 다른 창조이야기에서 혼돈과 동의어인 '태고의 물'과 '태고의 어둠'이 무질서를 질서로 바꾼 것과 비슷하다. 한 가지 중요한 차이라면 현대판 창조 신화는 사건 뒤에 숨은 에너지로 묘사할 만한 것, 즉 '제1원인'이 없다는 점이다.

그러나 지금껏 알려진 중동의 창조이야기 가운데 가장 오래된 《에누마 엘리시》에서 혼돈의 한가운데 질서를 얻기 위해 벌이는 투쟁을 보면, '위대한 분리'는 티그리스강과 유프라테스강을 흐르는 '민물 영웅신'과 페르시아만의 '짠물 괴물' 사이의 전투에서 의인화된 형태로 나타난다. 전투는 두 물이 만나는 곳에서 일어난다.

이집트 창조 신화도 바빌로니아의 《에누마 엘리시》와 마찬가지로 물의 흐름을 바탕으로 펼쳐진다. 만물은 생명이 흐르는 나일강 둑에서 생겨난다. 계절성 범람이 끝나면 나일강 삼각주 비탈에 많은 토사 언덕이 쌓인다. 이 '벤벤benben'의 한 곳에 놓여 있던 우주의 알에서 세상의 부모가 태어난다. 테오티우아칸을 둘러싼 산들이 멕시코의 대피라미드가 되듯 벤벤 형태는 이집트의 대피라미드로 발전한다. 피라미드는 지상에 내려온 태양신의 후예인 파라오의 사후 거처이자 사람들이 지은 건축물 가운데 영원한 기념비가 된다.

아프리카 대륙의 반대쪽 끝에서는 만데 부족이 역시 알에서 세상이 창조됐다고 이야기한다. 다만 여기서는 껍질이 내용물만큼이나 중요한 역할을 한다. 껍질이 태반이 되고 콩깍지에서 씨앗이 나오듯 이곳에서 호전적인 쌍둥이 신이 나타난다. 싸움에서 이긴 쌍둥이는 기이한 부메랑 모양의 나이저강이 된다. 이 강은 사막 한가운데서 급하게 물길을 바꾸고, 낮은 습지에 물고기가 가득 찬 내륙 삼각주를 형성한다.

해안선을 따라 여행하다 보면 마치 강둑이 하나뿐인 강을 따라가는 것 같다. 미국 북서부와 캐나다 해안에 거주하는 틀링깃Tlingit 부족 원로들의 창조 영웅은 나바호족 코요테와 행동이 매우 유사한 여행가이자 변신술사, 큰까마귀다. 그는 카누를 타고 해안을 따라가다 그곳 거주민들을 만나 새, 식물, 사람으로 자유자재로 변신하고, 환상적인 솜씨로 빛, 민물, 조개, 연어 같은 필수품을 세상에 내보낸다.

7장
바빌로니아 신은 어떻게 물과 인간을 지배했는가
서아시아

우리가 경험할 수 있는 상황 중 형태가 없고 표현할 수 없을 정도로 혼란스러워 질서가 세상에 나타나기 전 존재했을 것으로 여겨지는 '혼돈'이라는 상태와 가장 비슷한 것은 무엇일까? 허리케인이나 토네이도일까? 어쩌면 눈보라나 폭발하는 화산일까? 사정없이 요동치는 캄캄한 바다 밑바닥이나 홍수로 급류가 몰아치는 강일까? 각자의 경험에 따라 다를 것이다. 티그리스강과 유프라테스강이 페르시아만으로 흘러드는 건조한 지역에 사는 사람이라면 혼돈을 사나운 모래폭풍으로 상상할 것이다.

북쪽을 뜻하는 아랍어 '샤말shamal'은 현재의 이라크에 부는 북서풍을 일컫는 말로 특히 한대 제트류가 남쪽으로 내려가 아열대 제트류를 침범할 때 부는 바람을 말한다. 두 기류는 최대 시속 80킬로미터의 바람을 형성해 건조한 한랭전선을 앞지른다. 대규모 샤말은 춘분이 지나고 약 두 달 후에 발생하는데 날이 밝기 직전 서쪽에서 떠오르는 소라야(플레이아데스 성단) 별자리가 샤말의 도착을 예고한다. 사람들은 여전히 이 샤말을 알하파르 사리 소라야Al Haffar Sarih Thorayya(구멍 뚫는 플레이아데스)라고 부른다. 샤말이 모래 언덕에 거대한 '하파르haffar(움푹 파인 곳)'를 만든다고 붙여진 이름이다. 샤말은 며칠 동안 계속되는 것으로 알려져 있으며, 샤말이 오면 도로와 사업이 멈추고 병원 응급실이 호흡기 환자로 북적인다. 앞이 안 보일 정도로 불어대는 모래 바람이 유프라테스강 삼각주의 페르시아만에서 소용돌이치는 물을 만나면 혼돈은 모래와 안개로 뿌옇게 변한다. 항구에 발이 묶인 어부들은 폭풍이 배를 집어삼킨다고 말한다.

한 달이 지나고 봄의 마지막 샤말, 알다바란Al Dabaran(뒤따르는 자)이 찾아온다. 이번에도 별이 시간을 알려준다. 밝은 알데바란Aldebaran(황소자리에서 가장 밝은 알파성으로 붉은색을 띠며, 플레이아데스 성단을 뒤따르는 것처럼 보인다 해서 아랍어 '알다바란'과 비슷한 이름이 붙었다-옮긴이)이 마지막으로 모습을 보이고 플레이아데스 성단보다 약 한 달 늦게 시야에서 사라진다. 폭풍이 며칠이나 계속되는 동안 사람들은 집 안에 숨어 지낸다. 창문을 테이프로 꽉 막아 시리아와 터키의 산에서 불어오는 초미세먼지를 차단하기도 한다(겨울에도 한 달에 두세 번 샤말이 찾아오지만 이 정도로 끈질기지는 않다).

이제 뿌옇게 샤말이 불어올 때 민물과 짠물이 뒤섞이는 장면을 상상해보자. 정확히 이 모습이 여기서 이야기할 창조 신화의 도입부에 묘사된 환경이며 봄이 시작되는 새해에 가장 자주 입에 오르내리는 이야기다. 이 시기는 유대교의 유월절이나 기독교의 부활절과 마찬가지로 겨울 대홍수 이후 생명의 회복을 축하하고 새 삶의 순환에 악영향을 줄 수도 있는 역경에 대비하는 시간이다.

함무라비 왕(재위 기원전 1792~1750년) 집권 아래 바빌론이 티그리스강과 유프라테스강 계곡에서 세력을 잡았을 때 전쟁과 폭풍의 신 마르두크Marduk가 도시의 주신이 됐다. 봄의 아키투 축제가 끝날 무렵 시민들은 마르두크를 모신 에사길라Esagila 신전에 모였다.[1] 이들이 마르두크 동상 앞에 서면 대사제는 동상 옆에 세워진 거대한 점토판 일곱 개에 적힌 창조이야기를 암송했다. 점토판은 지금은 사라지고 없다. 이 이야기를 '에누마 엘리시'라고 한다. 이 명칭은 입으로만 전해져 오다가 훗날 설형문자로 새겨진 이야기의 첫 구절로 "높은 곳에 있을 때"라는 뜻이다.[2] 첫 장면은 세계가 창조될 당시의 혼돈 상태를 묘사한다.

그때는 초지가 없었고 "갈대 습지(조차)도 보이지 않았다". 이곳에서 아프수Apsu(남성, 민물)와 티아마트Tiamat(여성, 짠물)가 만난다.3 둘은 결합하여 자손 다섯 세대를 창조한다. 그중에는 공기의 신 엔릴Enlil과, 천지가 분리되기 전까지는 흐를 수 없는 시간을 대표하는 에아Ea가 있다.

가족 간의 긴장이 고조된다. 에아는 아버지에게 위협당하지만 강력하고 신성한 주문을 외워 아프수를 잠들게 한 다음 해치운다. 하지만 그 전에 티아마트가 많은 이들이 창조자에게 제기하는 수사적인 질문을 던진다. "우리가 스스로 낳은 자식을 왜 파괴합니까?"4

가계도는 결국 막내아들 마르두크에 이른다.《신들의 계보》의 제우스처럼 마르두크도 최후의 적과 싸워야 한다. 그의 적은 복수를 노리는 어머니다. 어머니를 이겨야만 마르두크가 바빌론이라는 도시의 주신 위치에 올라갈 수 있다. 전투는 그리스 《신들의 계보》에 등장하는 제우스와 티폰의 만남을 떠올리게 한다. 아마도 더 오래된 바빌로니아 신화가 에게해를 건너면서 일부 그리스에 전승된 것으로 보인다. 티아마트가 죽으면서 끝나는 이 이야기는 종종 바빌론 청중 앞에서 재연됐다.

티아마트가 그를 집어삼키려고 입을 벌렸을 때
그는 티아마트가 입술을 닫지 못하도록 악마의 바람을 집어넣었다.

거센 바람이 그녀의 배를 채웠다.
그녀는 배가 부풀어 올라 입을 크게 벌렸다.

마르두크는 화살을 날렸고 화살은 그녀의 내부를 잡아 뜯었다.
내장을 가르고 심장을 쪼갰다. …
그는 티아마트를 제압하고 그녀의 목숨을 끊었다.[5]

마르두크는 물이 갑자기 위에서 쏟아지지 않도록 조심스럽게 통제하며 티아마트의 시신으로 하늘을 만든다.

마르두크는 티아마트를 홍합처럼 두 부분으로 갈랐다.
반쪽을 제자리에 두고 (그 안에서) 지붕 삼아 하늘을 지었다.
그는 가로대를 고정하고 보초를 세운 후
그들에게 티아마트의 물이 나가지 못하게 막으라고 명했다.[6]

마르두크는 신들의 자리를 정한 후 우주의 나머지를 창조한다. 이번에도 물을 통제하는 데 적절한 주의를 기울인다.

민물과 짠물 사이의 전투에서 티아마트를 살해하는 마르두크.

마르두크는 신들을 닮은 별과 황도 12궁을 정했다.

일 년을 정하고 구분했다.

열두 달의 달마다 세 개의 별자리를 배분했다.

별자리에 따라 한 해의 날짜를 정한 다음

니비루(춘분 또는 추분)의 자리를 세우고 그들의 의무를 알려줬다.

무엇도 잘못되거나 태만하지 않도록

엔릴과 에아의 자리도 함께 마련했다.

그는 문을 양쪽으로 열고

왼쪽과 오른쪽으로 단단히 고정했다.

그 한가운데는 천정天頂을 고정했다.

달을 앞으로 나와 빛나게 하고 밤을 달에게 맡겼다.

그는 밤을 장식하는 달에게 날짜를 알리도록 했다.

"왕관(달의 주기가 시작되는 초승달)을 쓰고 매달 멈추지 말고 앞으로 가라."[7]

마르두크는 마지막으로 사람들을 창조할 방법을 찾는다. 이것은 중요하지 않은 일이므로 조력자들에게 맡기기로 했다. 이들은 패배한 적의 피로 엉긴 진흙을 가지고 사람들을 만든다. 왜 그렇게 했을까? 당연히 우주는 우리가 아니라 신들을 위해 지어졌다. 독재적 신권 국가에 산다고 상상해보면 알 수 있듯이 신들은 "인간이 이해하기에 적절치 않은" 더 중요한 일을 하기 위해 자유로워져야 하므로 일꾼들이 필요하다! 그러므로 "그는 신들의 일을 (그들에게) 맡겨 신들을 자유롭게 했다".[8]

무슨 업무를 했을까? 에사길라 신전 창건을 도와야 한다. 벽돌을 쌓고 괭이질을 하고 성소와 그에 딸린 신전을 건설하고 유지하며 적절한 때에 공물을 바쳐야 하고 신들을 두려워할 줄 알아야 한다. 《에누마 엘리시》 덕분에 우리는 협박 때문에라도 강한 애국심을 갖춘 바빌론 주민들의 도시 환경을 짐작할 수 있다.

신들이 사람들처럼 교류하는 《에누마 엘리시》의 환상적인 이미지 뒤에 숨겨진 교훈은 성공적인 국가의 뿌리에 신성한 왕권이 자리 잡고 있다는 것이다. 그리고 왕권은 강압적으로 단호하게 또 권위적으로 세워져야 한다. 또한 질서정연한 우주를 창조하기 위해서는 폭력적인 투쟁 과정이 필수적이다. 아프수와 티아마트는 관성, 정체, 무위를 나타내는 구세대다. 반면에 젊은 세대의 신들은 변화와 움직임을 도입한다. 그들은 세상에 변화를 가져오는 적극적인 대리인 노릇을 한다.

《에누마 엘리시》에서 창조는 분리 행동으로 여겨진다. 사물이 무에서 갑자기 생겨나지 않고 본질이나 가능성이라 할 수 있는 '혼돈'이 이미 존재한다. 아프수와 티아마트의 결합으로 형성된 하늘과 땅은 원래 하나였고 퇴적물은 강의 민물과 함께 수평선까지 쭉 흘러가다가 짠물을 만나기까지 서서히 쌓여 삼각주를 이뤘다. 그와 대조적으로 티그리스강과 유프라테스강의 계곡을 따라 내려오는 바람의 힘은 지하수, 하늘에서 내리는 물, 강물과 바닷물에 완전히 둘러싸인 우주에서 땅과 하늘을 분리한다. 이곳은 이야기 초반에 묘사된 차분하고 묽은 환경과는 매우 다른 역동적인 창조의 장소다.

삼각법과 360도 원을 발명한 바빌론 사람들이 농경지의 풍경 속에서 시간의 경과를 생각하며 만든 이 방식은 얼마나 합리적이고 시적인가! 이들은 삼각주의 풍부한 퇴적물이 물이 섞이는 곳에 이르러 비옥한 토지를 창조하듯 시간도 느리고 꾸준히 흐른다고 생각했다. 겨울의 폭우는 축축한 혼돈을 창조하고 이 비로 강둑의 물이 범람한다. 하지만 봄이 오고 강한 바람이 구름을 몰아내면 땅의 물이 하늘에서 분리된다. 또 마르두크와 동등한 천체이자 그의 힘의 원천인 태양이 땅을 말리고 질서를 복원하며 생명을 창조한다. 이제 강가의 비옥한 땅을 경작할 수 있다. 하지만 사방에서 자연의 질서를 위협하는 샤말을 조심해야 한다. 이때 한 신화에서 다른 창조이야기 두 개가 뒤섞인다. 하나는 차분하고 하나는 격렬하다. 각 이야기는 사회와 자연 풍경을 대변한다. 일 년의 모든 계절에 두 시나리오가 펼쳐지며 둘 다 진실이다. 신화는 현실이다.

8장
나일강을 아우르는 모든 창조의 기원, 벤벤

아프리카

여름 계절풍이 이집트에서 남동쪽으로 3천 킬로미터 떨어진 에티오피아 고지대에 장대비를 퍼부으면 이 물은 대부분 나일강으로 흐르며 다량의 퇴적물을 옮긴다. 고대 이집트인들은 매년 일어나는 나일강의 범람, '아케트akhet'를 예측하는 법을 터득했다. '태양이 떠오르는 곳'을 의미하기도 하는 아케트의 상형문자는 봉우리 두 개 사이에 태양 원형이 보이는 형태다.[1] 이집트인들은 시계처럼 정확하게 홍수 시기를 맞출 수 있었다. 매년 밝은 시리우스성, 소티스Sothis가 해 뜨기 전 동쪽 하늘에 다시 나타나면 그 직후에 홍수가 일어났기 때문이다. 기원전 3천 년에는 이 시기가 6월 초였다. 이때가 바로 대피라미드 남쪽 600킬

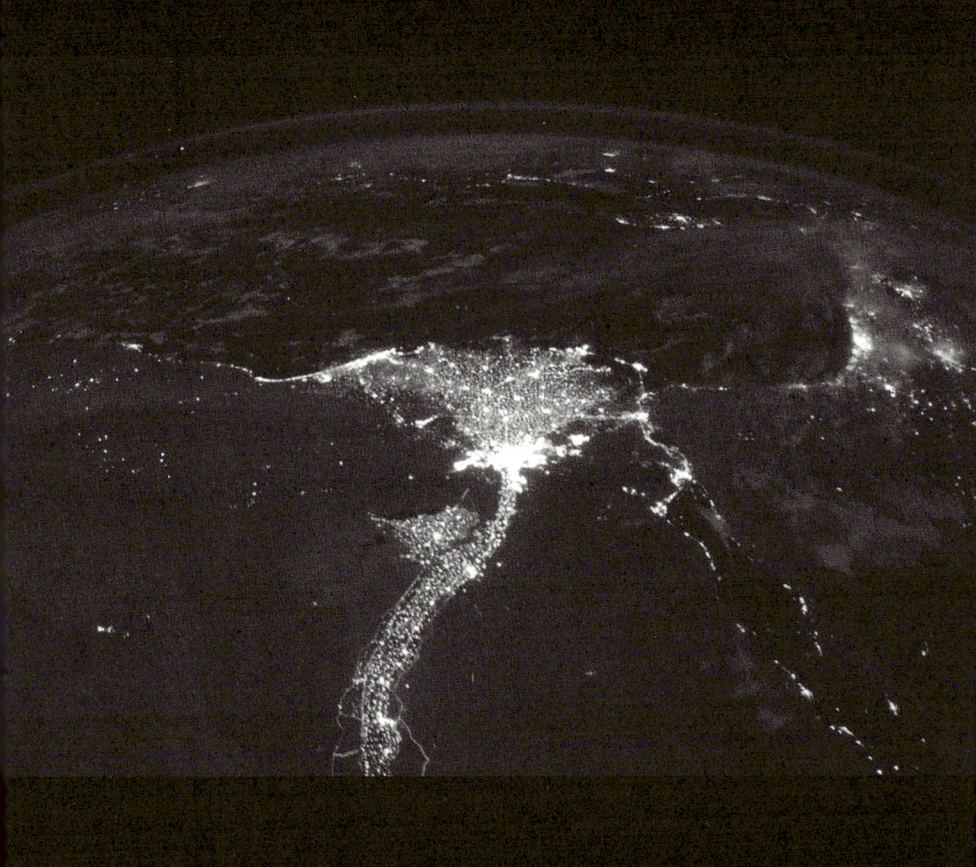

밤에 본 나일강. 거대한 물길은 광활한 사하라 사막에서 살아가는 만물의 생명줄이다.

천 개의 우주 ～～～ 제2부 물길

로미터 지점의 아스완 제1폭포 상류에 설치한 일명 나일로미터(나일강 물의 높이를 측정하기 위해 지어진 건축물)의 수위가 올라가기 시작할 때였다. 나일강은 여름내 수위가 8미터나 올라갈 정도로 급격히 불어나 강둑을 따라 난 파피루스와 초목을 뒤덮었다. 9월 홍수가 잦아들기 시작하면 다량의 퇴적물이 언덕 모양으로 남아 새 땅을 만들었고 사람들은 이를 '벤벤'이라고 불렀다.

양쪽 강둑 밖으로 넓고 건조한 사막이 펼쳐진 나일강가에 살던 옛 이집트인들은 나일강이 생명의 강이고 태고의 물에서 마법처럼 올라오는 벤벤이 창조의 원천이라고 생각했다. 벤벤에서 대지의 신이 나타나 우리가 먹고 바치는 모든 좋은 것에 형태를 부여했다. 이 태고의 언덕 모양은 인간이 만들어 풍경을 지배하게 된 거대한 건축물 피라미드에 실제로 영감을 줬다. 벤벤이 순환하는 삶과 죽음의 근원임을 이미 보여줬기 때문에 이 형태를 모방한 피라미드는 살아 있는 태양신의 후손인 왕이 죽었을 때에 그 잔해를 둘 장소로 타당해 보였다. 파라오는 지상의 필수품과 더불어 가구까지 갖춘 채 피라미드를 벗어나 사망하는 태양을 따라서 지하세계로 갈 것이다. 태양 역시 본래 벤벤에서 태어났다. 그런데 모든 살아 있는 것들을 나타나게 한 이 태고의 언덕은 정확히 풍경의 어디에서 처음 나타났을까? 이는 누가 이야기하느냐에 따라 달라진다.

헬리오폴리스Heliopolis의 사제들은 벤벤이 정확히 그들의 도시와 나일강의 경계에서 처음 나타났다고 이야기한다.2 이곳에서 헬리오폴리스의 왕이면서 "세상의 완결자"이자 "자기 자신이 되려고 온 자"라고 하는 아툼Atum 신이 처음 나타났다. 아툼은 자신의 체액으로 즉시 지혜의 신 토트Thoth와 공기의 신 슈Shu, 습기의 신 테프누트Tefnut를 창조했다.

> 내가 존재하게 됐을 때 존재(자체)가 존재가 됐고, 내가 존재하게 된 후 모든 존재가 존재가 됐다. 많은 존재가 나타나게 됐다. … 나는 내 주먹과 성교한 자며 나는 손으로 자위를 했다. 그리고 내 입으로 직접 토해냈다. 내가 토한 것이 슈가 됐고 테프누트가 됐다.3

다음으로 슈(건조한 공기)와 테프누트(습한 공기)가 함께 게브Geb(대지)와 누트Nut(하늘)를 생산했고 이 둘이 세상의 부모가 된다. 게브와 누트가 너무 친해지자 아툼은 둘 사이가 부적절한 관계가 될까 봐 걱정했다. 둘을 어서 떼어 놓아야 한다는 생각에 아툼은 슈에게 게브 위에 단단히 서서 누트를 머리 위로 밀어 올리라고 명령했다. 하지만 누트는 이미 임신한 상태였고 이에 아툼은 더욱 분노했다. 그래서 그는 누트가 일 년 360일 어느 날도 절대 아이를 낳지 못하게 하라고 명령했다. 동정심을 느낀 토트가 누트를 도울 방법을 찾았다. 그는 시간을 벌기 위해 신들에게 체커 대회를 제안했다. 토트는 5일을 따냈고 그걸 더해 일 년을 365일로 만들었다. 그러자 누트에게 충분한 시간이 생겨서 아이들 다섯 명을 낳을 수 있었다. 질서의 신 오시리스Osiris, 무질서의 신 세트Seth, 어머니신 이시스Isis, 그녀의 여동생이자 죽음의 보호자 네프티스Nephthys, 파라오의 수호자가 되었다가 결국 자신이 파라오가 된 아들 호루스Horus가 그렇게 태어났다. 아툼으로 시작해 모두 아홉 명이 된 이집트 신들이 '헬리오폴리스 9인조'로 알려지게 됐다.

헤르모폴리스Hermopolis 이야기꾼이 전하는 이야기는 내용이 조금 다르다. 신성한 벤벤이 형성되기 전에 이미 '오그도아드Ogdoad'(8인조)라고 알려진 네 쌍의 남녀 신이 태고의 물에 살았다. 남신은 개구리였고 여신은 뱀 또는 개코원숭이였다. 눈Nun과 나우넷Naunet은 형태가 없는 원시 바다였다. 헤Heh와 하우헤트Hauhet는 무한을 나타냈고 케크Kek와 카우케트Kauket는 어둠을 나타냈다. 마지막으로 아문Amun과 아무네트Amaunet는 숨겨진 두 힘의 화신이었다. 이렇게 다들 짝을 지었다. 여덟 신은 성적으로 결합했으므로 생명을 낳는 힘도 있었지만 삶과 대립했기 때문에 숨어 있었다.[4]

갑자기 설명할 수 없는 대변동이 일어났다. 즉시 남녀 성이 한꺼번에 휘둘렸다.[5] 격렬한 충돌로 최초의 원시 언덕 벤벤이 물가에 만들어졌고 그 안에 우주의 알이 놓였다. 알에 서서히 금이 가기 시작하더니 젊은 태양신 라^{Ra}가 등장했다. 그가 나오자마자 알껍데기 남은 부분이 불꽃으로 타올랐다. 새로 태어난 태양신은 불꽃과 함께 하늘로 날아올랐다. 이것이 세상에 맨 처음 태양이 뜬 순간이며 오그도아드는 이 일이 일어난 헤르모폴리스에서 이집트의 태양신을 창조한 부모가 됐다.

하지만 라는 편안한 삶을 살 운명이 아니었다. 그는 하늘의 자리를 지키기 위한 영원한 투쟁을 벌여야 했다. 매일 황혼 무렵 라가 서쪽 지평선 죽은 자들의 땅에 가까이 가면 불멸의 암흑신 아포피스^{Apophis}가 쫓아왔다. 아포피스는 세계를 둘러싼 바다 밑에 사는 사악한 세력의 화신으로 이곳에서 뱀처럼 똬리를 틀고 라의 하늘 범선이 자신의 풀밭으로 들어오기를 기다렸다. 아포피스의 목표는 라가 동쪽으로 떠올라 다음날을 새로 시작할 수 없도록 지하세계를 지나가지 못하게 막는 것이었다. 아포피스가 야간 전투에서 성공하면 선악 사이의 힘의 균형이 뒤집힐 것이다. 세계가 원시의 물로 돌아가 홍수에 파괴되고 만물이 창조 전의 상태가 될 것이다. 하지만 라가 승리해 동쪽에서 나타나면 적어도 하루 동안은 우주의 위협에서 벗어나고 안전이 보장된다.

라는 밤의 용이 지닌 혼돈의 힘을 무찌르기 위해 하늘의 가족과 그의 화신 파라오에게 받을 수 있는 모든 도움을 얻어야 했다. 이 마법 주문이 파피루스 문서로 남아 있다.

> 새 파피루스에 녹색으로 아포피스를 그려서 그의 이름이 쓰인 상자에 넣고 이 주문을 외워라. 이 아포피스를 꽁꽁 묶어서 매일 불 속에 던지고 그대의 왼발로 넘어뜨린 다음 하루 네 번 그 위에 침을 뱉어라. 그를 불 속에 던지면서 이렇게 말하라. "레(라)는 그대를 이긴다, 오, 아포피스여!" 네 번 외운 후 외쳐라. … "생명이요, 번영이요, 건강이신! 파라오가 적을 물리치도다."[6]

물과 태양은 이집트 창조이야기의 모든 변주에서 중심을 차지한다. 하지만 창조는 한 번에 끝나는 일이 아니었다. 매일 일출을 경험하고 매년 홍수를 겪는 이집트인이라면 누구나 아는, 영원히 계속되고 순환하는 과정이었다.

이집트 왕조의 창조이야기는 온통 왕족의 경건한 기원을 이야기한다. 《신들의 계보》나 《에누마 엘리시》와 마찬가지로 보통사람들이 어디서 왔는지는 거의 다루지 않는다. 하지만 벤벤을 형성하는 충적물의 근원지인 나일강 상류 지역에 공예신 크눔 **Khnum**의 이야기가 있다. 크눔은 물레를 이용해 나일강 토사와 진흙으로 사람을 만들었다. 그는 두개골을 만들고 뺨을 빚어 얼굴 형태를 지었다. 그리고 척추를 더해 창조물을 똑바로 세우고 숨 쉴 수 있는 폐, 소화시킬 내장, 번식을 위한 생식기를 만들었다.

벤벤이 창조의 원천이라는 주제는 나일강을 따라 멀리 움직인다. 오늘날 남수단의 나일강 서안에 거주하는 실루크족Shilluk은 나일강 전체를 따라가며 다양한 흙을 모아 세상의 여러 인종을 창조한 주오크Juok 창조신 이야기를 전한다.7 주오크는 북쪽에 풍부한 흰 모래와 토사로 백인을 빚었다. 남쪽 나일강 상류에서는 어두운 흙으로 붉은 피부와 갈색 피부 인간들을 창조했다. 실루크 땅에서는 강둑에서 찾은 비옥하고 어두운 흙으로 흑인을 만들었다. 그는 모든 피조물에게 팔, 다리, 귀, 눈을 비롯한 신체 부위를 주고 번영할 수 있도록 했다. 나일강의 힘은 전 인류를 아우른다.

9장
거대한 나이저강이 되어 흐르는 사람의 아들, 만데

아프리카

 나이저강은 서아프리카에서 가장 긴 강이다. 특이한 부메랑 모양의 물길은 대서양으로부터 250킬로미터 떨어진 시에라리온의 산에서 시작한다. 토사 없이 맑게 흐르는 이 물은 북동쪽 내륙으로 돌아 흐르다가 여러 습지와 시내로 갈라지고 증발해 수량이 줄어든다. 말리 남서부의 사하라 사막 남부로 접어들면 이곳에서 길이 320킬로미터의 데보호를 품은 이너나이저Inner Niger 삼각주가 물길의 규칙적인 흐름을 방해한다. 강물은 북동쪽으로 다시 흘러 베냉과 나이지리아를 통과한 후 드디어 대서양으로 나간다.
 사막 한복판에 들어앉은 내륙의 삼각주는 수로와 낮은 습지

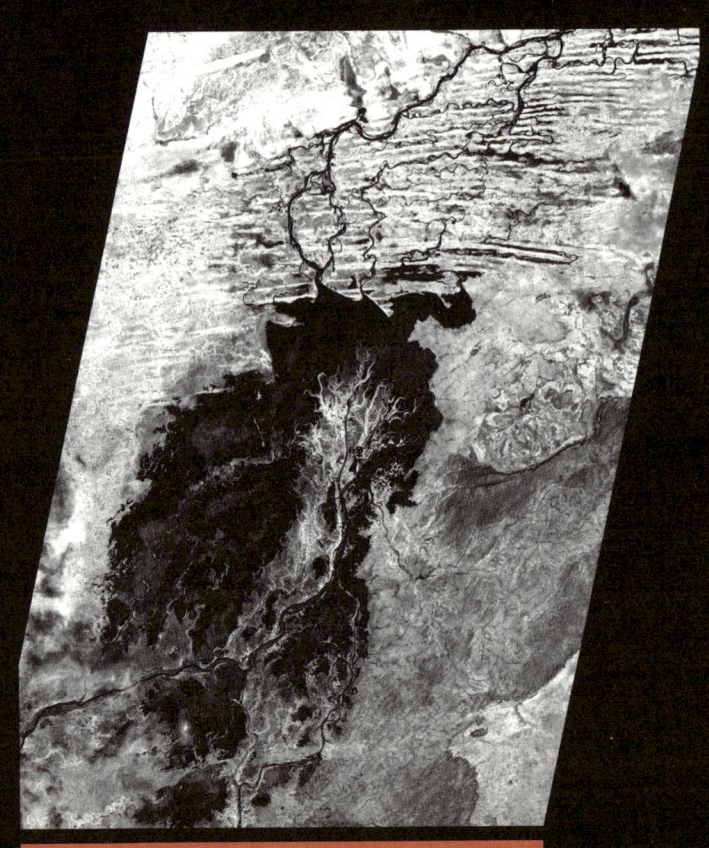

이너나이저 삼각주의 무성한 범람원을 보여주는 위성사진.

천 개의 우주 ～～ 제2부 물길

가 뒤엉킨 특이한 지형으로 9월부터 5월까지 물이 넘치다가 이후 서서히 마른다. 호수까지 흐르는 맑은 강물에는 250종이 넘는 물고기가 산다. 거대한 잉어, 복어, 폐어뿐 아니라 시클리드나 관상용 잉어처럼 수족관에서 볼 법한 물고기도 있고 길이가 몇 센티미터에서 몇 미터까지 이르는 메기도 58종이나 산다. 또 코끼리를 잡아먹는 무서운 물고기가 있는데, 지역 어부들의 말에 따르면 작은 시클리드가 코끼리 코에 몸을 숨기면 불쌍한 코끼리는 물고기를 떼어내려고 자신을 때리다가 죽는다고 한다.

호숫가의 초지에는 야자나무와 아카시아나무가 자라고 낮은 땅에는 물속 3미터 깊이까지 식용 풀이 자란다. 아카시아나무는 바오밥나무와 함께 서아프리카에서 가장 상징적인 나무로 커다란 우산 같이 생긴 수관과 주렁주렁 매달린 꼬투리(열매 껍질), 노란색과 하얀색의 탐스러운 꽃송이를 통해 쉽게 알아볼 수 있다.[1] 서아프리카인들은 이 나무를 '생명나무'라 부르는데 아마도 유대교와 기독교 신앙에 영향을 받은 것 같다(구약성서에서 하나님은 모세에게 단단한 아카시아 목재로 방주를 지으라 명령한다).

아카시아 꼬투리는 길이가 약 75밀리미터 정도고 보통 길이 50밀리미터 정도 되는 씨가 대여섯 개 들어 있다. 흑갈색의 씨앗은 익으면서 녹색을 띤다. 꼬투리가 단단하고 거의 방수가 되기 때문에 쉽게 발아되지는 않는다. 꼬투리를 벌려보면 각 씨를 꼬투리에 고정하는 붉은 줄기를 볼 수 있는데 그 모양이 점점 풀리는 탯줄을 닮았다. 줄기가 달린 꼬투리를 태반과 탯줄이 달린 사람 자궁에 비유할 수도 있을 것이다. 둘 다 어린 생명을 보호하고 키우는 주머니다.

사막에 긴 호수가 있고 호수의 양 끝이 강과 통하는 이런 흔치 않은 대지와 물 풍경이 13세기에서 17세기 사이에는 말리(케이타) 제국의 것이었다. 케이타 왕조의 왕자이자 전사였던 순디아타 케이타Sundiata Keita가 라이벌 관계인 왕의 통치로부터 민족을 해방하라는 부름을 받고 세운 이 제국은 호수에서 동쪽으로 500킬로미터 떨어진 팀북투에서 시작해 상류로 죽 올라가 대서양까지 펼쳐졌고 왕자는 이곳에서 사하라 종단 무역에 배타적 통제권을 행사했다. 그의 후손들이 13세기 후반 이슬람으로 개종하면서 이슬람교의 영향이 들어가기도 했지만, 이들의 기원 이야기에는 나이저강과 데보호 생물권에서만 나올 수 있는 자연주의적 철학과 조화가 깃들어 있다.

지금도 이 지역에 거주하는 만데 사람들 사이에서 1940년대와 1950년대에 걸쳐 몇 년간 함께 살았던 인류학자 제르맨 디테를랑Germaine Dieterlen이 내가 여기에서 전하는 이야기를 수집했다.[2] 디테를랑은 이들의 기원에 관해 다음과 같이 썼다.

> 신화에서 내세우는 이 민족들의 기원과 상호 관계가 민족과 역사의 현실을 반영하지 못할 수도 있고, 신화가 만데 지배층이 서

아프리카 많은 지역을 통제할 당시 정치적인 이유로 지어졌을 가능성도 있다. 그러나 이 이야기는 오늘날 이들 사이에 존재하는 관계와 상호 의무를 입증하며 깊은 존중과 공감을 받고 있다. 그러므로 이 신화는 아프리카 민족들을 통합하는 광범위한 전통을 표현한다.[3]

만데 신화는 강 자체를 가져와서 시간(세대)과 공간(강을 따라 살아가는 여러 민족)을 솜씨 좋게 통합한다.

여러 서아프리카 민족의 고대신 망갈라Mangala는 아카시아 씨를 만들기 위한 첫 창조 활동에 실패했다고 한다. 그래서 소박하게 꼬투리가 필요 없는 훨씬 작은 씨앗을 창조해봤다. 왕바랭이는 바랭이와 같은 계통으로 우리에겐 골칫거리 잡초지만 식용으로도 이용되며 씨앗의 길이가 2밀리미터를 넘지 않는다. 망갈라는 씨앗을 넣을 알을 만들기 위해 더 큰 히비스커스 씨앗으로 왕바랭이 씨앗을 감쌌다. 케이타인들은 망갈라가 "자손을 낳기 위해 세계의 알을 똑같은 '두' 부분으로 만들었다"고 말한다. 그는 씨앗을 여섯 개 더 만들어서 여덟 개 씨앗에 네 개의 요소와 네 개의 방향을 정하고 전체를 히비스커스 씨앗으로 봉했다. 모두 "신의 알" 또는 "세계의 태반"에 든 남녀 쌍둥이였다.4 그는 같은 알 속에 쌍둥이 두 쌍을 더 넣었는데 한 쌍은 남성, 한 쌍은 여성이었다. 이들이 미래의 인간을 위한 원형이 된다.

그러나 쌍둥이 한 쌍의 남성, 펨바Pemba가 미래의 인간 창조를 지배하고자 깨진 태반 조각을 이고 성급하게 나타났다. 그는 빈 곳을 찾아 착지했는데 완충작용을 해준 태반 조각이 메마른 땅이 됐다. 자신의 실수에 실망해 알로 다시 돌아가고 싶었던 펨바는 하늘로 돌아갔다. 이때는 이미 망갈라가 남은 태반으로 태양을 만든 후였다. 그래서 펨바는 망갈라의 쇄골 한쪽에서 남성 씨앗을 한 줌 훔쳤다. 그리고 땅으로 돌아와 보우넌 마을 근처 데보호 둑 옆 조금 남은 태반의 핏속에 씨앗을 심었다. 안타깝게도 왕바랭이 씨앗 하나만 수분을 얻어 발아할 수 있었다.

이제 펨바는 이중으로 죄를 지었다. 자신도 모르게 씨앗을 어머니의 자궁 일부에 심었으니 도둑질도 하고 근친상간까지 일어나게 했다. 지구는 순수하지 못한 곳이 됐고 왕바랭이 씨앗은 우리가 보는 것처럼 붉은색을 띠게 됐다. 한편 펨바의 남자 쌍둥이 파로Faro는 날을 다 채우고 태어나 여러 생명 형태 가운데 첫 번째인 쌍둥이 '마노고' 물고기가 됐다. 그중 하나는 공기 호흡을 하는 장어와 비슷한 대형 메기(헤테로브랑쿠스 비도르살리스)로 길이 1.5미터, 몸무게 30킬로그램까지 자라며 파로의 힘과 생명을 나타낸다. 다른 하나는 더 작은 메기(클라리아스 세네갈렌

시스)로 파로의 몸을 나타낸다. 임신 초기 어머니의 자궁에 있는 인간이 물고기 형태이므로 파로의 첫 번째 본질이 물고기를 닮은 것이라고 이들은 이야기한다. 파로의 남은 태반은 밝은 시리우스성이 됐다.

파로는 또한 생식력을 더럽힌 쌍둥이 형제의 죄도 갚아야 했다. 그는 희생됐고 몸이 60조각으로 나뉘어 허공에 뿌려졌다. 이 조각들은 대지에 떨어져 나무로 부활했다. 하지만 망갈라는 하늘에서 파로의 본질을 살려 인간의 형상을 주고 방주에 태워 지상으로 내려보냈다. 이 방주는 하늘에 있던 그의 태반으로 만든 것으로 크리와 크리코로 사이 쿠룰라Kouroula라는 산에 정박해 있었다. 파로는 이곳의 이름을 자신을 따라 '사람의 아들'이라는 뜻의 '만데Mande'라고 다시 지었다. 파로는 만데의 흐린 하늘에서 내려와서 처음에는 나이저강이 됐다고 한다.

파로는 그의 태반에서 창조된 네 쌍의 남녀 쌍둥이인 인간 조상 여덟 명과 동행했다. 그들은 파로를 포함하여 모두 남과 여를 아우르는 공통의 생명력을 지녔다. 그들은 방주에서 함께 나와 처음으로 태양이 떠오르는 것을 지켜봤다. 또 쿠룰라 산 정상에 첫 번째 성소를 짓고 곧 심을 곡식에 비가 내려 양분을 공급해달라고 기도하는 법을 익혔다. 이들은 태양과 시리우스가 같은 시각에 떠오를 때만 기도를 멈췄다(이때가 6월 중순으로 데보호에 우기가 시작되는 시기와 일치한다). 케이타인은 또한 씨 뿌릴 때 시

리우스가 밝게 빛나면 "비가 많이 와서 가장 농사가 잘 된다"고 이야기한다.[5]

다음으로 펨바의 여자 후손은 쿠룰라 비탈에서부터 출발해 왕바랭이 씨를 뿌리는 일을 맡았고 남성인 파로는 여자가 일하는 길에 물을 대 땅을 비옥하게 하는 임무를 맡았다. 파로는 하늘에 살 때는 똑바로 걸었으나 땅에서는 물길처럼 구불구불 걷는 법을 익혀야 했다고 한다. 이 흐름을 따라 연속으로 일어난 홍수가 지상에서 파로의 몸이 되고 나이저강이 됐다. 홍수가 끝나는 데보호가 머리가 됐고 오른팔은 남쪽에서부터 흘러 호수 위쪽으로 130킬로미터 떨어진 곳에서 나이저강과 만나는 바니강이 됐다. 몸통은 이 교차장소의 상류다. 이곳에서 250킬로미터 상류로 거슬러 올라가 나이저강 양쪽에 있는 마을 한 쌍이 파로의 생식기가 되고 수원으로 쭉 올라가는 길이 그의 외다리가 된다(나이저강에 사는 물고기 꼬리가 하나인 것처럼 나이저강도 하나의 다리로 표현된다). 파로가 굴곡진 길을 따라 호수로 향하는 동안 양편 강둑은 번갈아 가면서 남성과 여성이 된다. 시간의 흐름과 마찬가지로 강물의 흐름은 파로와 그의 후손이 경험한 홍수의 역사이기도 하다.

케이타인들에 따르면 지상에서 이어진 파로의 후손 가운데 방주를 타고 내려온 네 쌍의 조상을 연상케 하는 네 세대는 파로의 둑을 따라 왕바랭이 씨앗을 뿌리고 지킬 의무가 있다. 1세대는 캉가바부터 쿨리코로까지, 2세대는 쿨리코로부터 몹티까지, 3세대는 몹티부터 아카까지, 4세대는 데보호까지 구역을 맡았다. 파로가 나이저강을 따라 땅을 경작하는 방법을 가르쳐준 대로 이들은 악당 펨바가 훔친 불순한 씨앗을 심지 않도록 조심해야 했다. 파로의 자손들은 임무를 계속 수행할 수 있도록 맡은 구역에서 가까운 곳에 거주지를 마련했다. 파로의 물 덕분에 만데 사람들은 순수한 왕바랭이 씨앗을 기를 수 있다.

만데 역사는 오늘날에도 울려 퍼진다. 우기가 시작되는 새해가 되면 나이저강 둑에 사는 16개 혈통을 대표하는 만데 시인들이 함께 모여 지금 들려준 창조 신화를 밤새 낭송한다. 오늘날 나이저강의 어업권은 이야기에서 말한 세대별 구역에 따라 구분된다. 매해 추수 기간이 되면 만데 사람들은 제례용 밭에 씨를 뿌리고 파로가 하늘에서 치른 희생을 기억해달라고 대형 메기를 바친다. 케이타인들은 그들의 기원 이야기를 단순히 낭독만 하지 않는다. 그 이야기와 함께 살아간다.

10장
틀링깃족을 위기에서 구한 큰까마귀의 활약

북아메리카

탈탄족Tahltan, 하이다족Haida과 단단하게 결속된 틀링깃족(조석潮汐의 민족)은 태평양 북서쪽 해안을 따라 거주하는 반半정주 수렵채집 부족으로 브리티시컬럼비아주와 알래스카주에 넓게 퍼져 있다. 이들은 주로 어업으로 생활한다. 그러니 이들의 많은 이야기가 연안수의 혜택과 민물, 조석, 연어를 포함한 그곳에서 살아가는 구성원들의 기원을 다루는 것이 놀랍지 않다. 애니미즘적 성격이 강한 틀링깃족 이야기에는 사람과 동물 사이를 오가며 변신하는 인물들이 등장한다. 이야기의 중심을 차지하는 큰까마귀는 나바호족의 코요테와 비슷하다. 다만 큰까마귀는 창조자라기보다는 재물을 공정하게 나누고 평등을 추구하며 상황을 개선하는 변신술사다. 나바호족의 코요테처럼 틀링깃족의 큰까마귀도 속임수로 목적을 이룬다. 큰까마귀는 북아메리카 북부 및 북서부에 많이 서식하며 지능이 매우 높고 특히 기술을 잘 쓰는 조류로 널리 알려져 있다. 큰까마귀는 그냥 큰 게 아니라 엄청나게 거대하고 "완전히 검은색"이며 "두꺼운 목에 깃털이 덥수룩하고 부리가 사냥용 단도처럼 생겼다"고 묘사된다.[1]

우리의 틀링깃족 원로들은 큰까마귀라 불리는 떠돌이 변신술사가 우리들이 알고 있는 세상 이전에 태어났다고 말한다. 언제나 우리 언어로 말해왔으니 그는 아마도 틀링깃 땅의 먼 북쪽에서 왔을 것이다. 이 큰까마귀는 작은 카누를 타고 세상의 해안을 여행하며 경이로운 솜씨를 뽐낸 트릭스터다. 그때는 빛이 없었다. 해도 달도 별도 없었다.

어느 날 큰까마귀가 길을 멈추고 바닷가에 사는 사람들을 방문했다. 그들은 '햇빛 인간'이라는 자가 많은 것을 상자에 감춰 놓고 햇빛도 숨겨뒀다는 이야기를 들었다고 전했다. 그 사람이 햇빛 상자의 뚜껑을 열면 집안 전체가 환해졌다고 한다. 다른 곳은 항상 어두워서 길을 볼 수 없으니 돌아다니지도, 일할 수도 없었다. 햇빛 사람은 많은 노예를 부렸다. 또 큰 집 한쪽 구석에 어린 딸도 살았다. 딸은 매일 아침 노예가 채우는 하얀 물동이에서 물을 떠 마셨는데 물을 마시기 전 항상 나쁜 물질이 들어 있는지 유심히 살폈다.

큰까마귀는 햇빛을 가져와서 세상 사람들과 나눠야겠다고 생각했다. 우선 삼나무 잎으로 변신해 물속에 몸을 숨겼다. 소녀가 물을 마시면 큰까마귀를 삼킬 것이고 그럼 큰까마귀는 소녀의 몸속에 아이를 임신시킬 것이다. 아기가 태어나면 큰까마귀는 몰래 햇빛 상자에 접근할 것이다. 계획은 그랬다. 하지만 소녀는 물을 마시려다가 나뭇잎이 떠다니는 것을 알아채고 잎을 내다 버렸다. 큰까마귀는 몸을 점점 더 작은 삼나무 잎으로 바꿔 드디어 소녀의 뱃속으로 들어갔다. 큰까마귀의 아들이 태어나자 어린 소녀의 부모는 아기를 아주 예뻐했다. 그들은 아기 아버지가 누군지 모르면서도 손자를 무척 사랑하게 됐다.

어느 날 아이가 할아버지에게 달과 놀게 해주겠냐고 물었다. 손자를 기쁘게 해주고 싶은 햇빛 인간은 당연히 달 상자를 선반에서 꺼내오게 해 아이에게 건넸다. 아이는 행복하게 상자를 가지고 놀다가 곧 지루해져서 이제는 해와 놀고 싶다고 칭얼댔다. 아이는 해를 받아서 한참 가지고 놀다가 또 지루해졌고 북두칠성을 달라고 해서 한동안 가지고 놀았다. 다음으로 아이는 햇빛 상자를 갖고 싶었다. 하지만 할아버지는 그랬다가는 아이가 상자를 잘못 만져서 너무 많은 빛이 빠져나올까 봐 걱정했다. 게다가 상자를 옮기면 해, 달, 별이 언제나 같이 움직였다. 아이가 계속 울어대자 할아버지는 마침내 포기하고 햇빛이 든 상자를 조심스럽게 선반에서 꺼내게 했다. 불안하게 지켜보는 할아버지 옆에서 아이는 천천히 뚜껑을 열고 서서히 상자를 들어 올렸다. 빛이 밖으로 빠져나왔고 아이는 상자를 계속 더 높이 올렸다. 할아버지는 불안한 마음으로 "아, 아니!" 하고 경고했지만 아이는 점점 균형을 잡고 햇빛을 통제할 수 있게 됐다.[2]

어느 날 자신감이 생긴 큰까마귀의 아들은 오랫동안 계획하던 일을 실행하기로 했다. 아이는 상자를 들고 햇빛 사람의 집 천장까지 쭉 올라가면서 해, 달, 별을 움켜쥐었다. 그리고 연기 배출구를 통해 다 같이 휙 빠져나갔다. 아이는 햇빛을 상자에서 나가게 하면서 소리쳤다. "이제부터 빛이 있으라. 이제 사람들은 보고, 일하고, 돌아다닐 수 있다." 그리고 해는 동쪽으로, 달은 서쪽으로, 북두칠성은 위로 보내면서 소리쳤다. "여명이 밝으면 해가 떠오르고 해가 지면 밤이 올 것이다. 일하고 돌아다니느라 힘들었던 사람들은 쉬고 잘 것이다. 그때는 북두칠성과 달이 이동하며 빛을 비출 것이다." 이후로는 모든 빛이 한 사람의 소유가 되거나 한 장소에 갇히는 일이 다시는 일어나지 않았다. 이제 모두가 빛을 이용하고 빛의 혜택을 받았다.

세상을 밝힌 후 큰까마귀는 계속해서 카누를 타고 해안을 따라갔다. 곧 해안 미울 사람들이 먹을 게 잘 안 잡혀 굶주리는 것을 알게 됐다. 해안을 따라 더 가다 보니 먹기 좋은 다양한 조개류가 물 밑에 있었다. 하지만 물이 너무 깊어서 사람들이 영양이 풍부한 식량을 거의 얻지 못했다. 큰까마귀가 이 상황을 어떻게 해결해야 할지 생각하는데 바닷가 끝에서 거인이 물속에 앉아 있는 것이 보였다. 큰까마귀가 그에게 왜 거기 앉아 있냐고 묻자 남자가 대답했다. "내가 일어나면 바다가 말라버리오." 실제로 남자는 대지에 뚫린 구멍 위에 쪼그리고 앉아 있었다. 그가 일어날 때마다 그 구멍으로 물이 콸콸 들어갔다. 큰까마귀가 일어나라고 했지만 남자는 거부했다. 그래서 큰까마귀는 남자의 머리채를 잡고 그를 들어 올린 후 엉덩이 밑에 바위를 내려놨다. 바위가 매우 뾰족했기 때문에 남자는 그 위에 앉았다가 너무 아파서 더 위로 폴짝 뛰었다. 큰까마귀는 더 크고 뾰족한 바위를 거인의 엉덩이 밑에 계속 올려서 그는 이제 거의 서 있게 됐다. 그러는 동안 바다는 계속 내려가서 해변이 드러났다.

 큰까마귀가 남자에게 명령했다. "이제부터 너는 하루에 두 번 바다가 지금 높이가 되도록 일어나서 사람들이 해변에서 양식을 채취할 수 있게 하라. 그런 다음 물이 다시 모여서 높아질 수 있도록 앉아라. 내가 말한 대로 하겠다고 약속하면 널 살려주겠다." 거인은 약속했고 이렇게 밀물과 썰물이 생겨났다. 큰까마귀는 이 남자를 '조석 인간'이라고 이름 붙였다. 이제 바닷가 사람들은 풍부하고 다양한 식량을 바닷가에서 구할 수 있었고 더

는 굶주리지 않았다.³

바닷가 사람들은 이렇게 양식이 풍부해졌지만 바다로 흘러가는 강가에 살던 사람들은 여전히 굶주렸다. 큰까마귀는 바다에서 헤엄치는 연어가 강을 거슬러 올라가게 만들어 이들을 돕기로 했다. 그래서 연어 수컷 정소에 연어알을 하나씩 올려 모든 강과 개울에 가져갔다. "연어가 태어나서 다시 이곳으로 돌아올 것이다. 이곳의 물은 모유와 마찬가지다. 연어는 매해 돌아와야 한다. 어떤 강이나 개울에 속한 연어는 그곳이 고향이므로 언제나 같은 자리로 돌아올 것이다."⁴

이번에는 비를 제외하면 세상에 담수가 없었다. 물이 모두 짠맛이 났다. 큰까마귀는 해안 마을을 방문해 물을 부탁했다가 이 사실을 알게 됐다. 사람들은 물이 하늘에서 내려온 빗물밖에 없어서 굉장히 귀하다고 이야기했다. 그래도 부족한 물을 한 잔 대접하면서 설명했다. "가끔은 물을 가진 사람에게 한 모금 받기도 합니다." 변신술사이자 트릭스터인 큰까마귀가 그의 이름을 묻자 사람들은 그가 '기누구Kanu'gu'라고 알려주고 어디 사는지도 말해줬다. 큰까마귀는 당장 그 사람의 집에 찾아가 물을 달라고 했다. "물이 굉장히 귀하니 한 입만 드리겠소." 카누구는 이렇게 말하고 방 한구석 잠자리에 놓인 커다란 수조에서 물을 한 국자 펐다.⁵

큰까마귀는 카누구에게 하룻밤 재워달라고 요청해서 승낙

을 받았다. 그는 카누구가 거의 잠도 안 자고 밤낮으로 수조를 지키며 서 있는 것을 알 수 있었다. 그래도 어떻게든 한 입을 훔쳐 집 밖으로 나갔다가 물을 입에 문 채로 돌아왔다. 카누구가 뭐하냐고 묻자 큰까마귀는 물을 조금 삼키고 대답했다. "물을 많이 마셔서 입까지 물이 찼소." 카누구가 물이 어디서 났냐고 묻자 큰까마귀가 대답했다. "어떤 곳에서 찾았소. 거기 가면 많소. 당신만 물을 가진 게 아니오." 그리고 입안에 남은 물을 뱉었다.[6]

비밀을 알고 싶어 안달이 난 카누구는 큰까마귀에게 더 머물면서 장작도 패고 집안일도 도와달라고 했다. 큰까마귀가 얼마간 그곳에서 일하니 카누구도 의심을 접고 감시도 느슨하게 풀었다. 어느 날 집주인이 아끼는 자리에서 잠을 자는 동안 큰까마귀가 밖에 나가 동물의 대변을 모아왔다. 그리고 카누구 옆에 대변을 놔두고 소리치며 그를 깨웠다. "형제여, 침대를 더럽혔군요." 이는 불운을 의미했다. 카누구는 부끄럽기도 하고 예언 때문에 무척 걱정도 됐다. 그는 어떻게 해야 할지 몰랐다. "내가 어떤 약을 쓸지 압니다. 그대로 하면 액운이 절대 찾아오지 않을 거요. 집으로부터 멀리 떨어진 곳에서 오래된 오줌으로 몸을 씻어야 해요. 큰까마귀 종족은 그렇게 서로를 씻어줍니다." 카누구는 바로 옷을 벗어 던지면서 집을 뛰쳐나갔다. 큰까마귀도 뒤를 따라갔다. "눈을 크게 뜨시오." 큰까마귀가 카누구의 머리에 오줌을 부었다. 그러자 그의 눈앞이 잠시 보이지 않았다. 큰까마귀는 그 틈을 타 집으로 뛰어가서 배가 가득 차도록 수조의 물을 들이마셨다. 그다음 수조에 구멍을 뚫어서 귀중한 물을 모두 흘려보냈다. 카누구는 시력이 회복되자 속았다는 걸 깨닫고 집안으로 뛰어 들어갔다. 그러나 마주친 것은 빈 수조뿐이었다. 그는 큰까마귀가 연기 구멍으로 빠져나가려는 걸 보고 아궁이에서 숯을 꺼내 던졌다. 연기가 피어오르며 시커먼 구름이 생겼다. 검댕으로 뒤덮인 큰까마귀는 가까스로 도망쳤지만 원래 흰색이던 큰까마귀는 그때부터 모두 검게 태어났다. 드디어 큰까마귀가 온 나라에 물을 뿌리며 외쳤다. "이제부터 온 나라 이곳저곳에서 물이 흐를 것이다. 모두 물이 풍족할 것이다."[7]

아주 오래전 세상이 아직 어렸을 때 큰 홍수가 났다. 밤낮으로 비가 내려서 강물이 둑 위로 넘치고 바다가 높아지고 땅이 물에 잠겼다. 게다가 땅이 기울면서 사람들이 사는 곳으로 물이 모였다. 사람들은 높은 땅으로 도망쳤고 어떤 이들은 높아지는 물을 피해 나무를 타고 올라갔다. 급하게 뗏목을 만들어 올라탄 사람들도 있었지만 간이 탄 쥐들이 밧줄을 갉아먹어 뗏목이 부서졌다. 폭풍이 해와 달과 북두칠성을 완전히 가려 아무것도 보이지 않았다.

열흘이 지나 드디어 비가 멈추고 물이 서서히 빠지기 시작했다. 생존자들은 산에서 내려와 해안으로 돌아갔다. 그들은 거의 모든 것을 잃었다. 그때 큰까마귀가 나타났다. 그는 하늘로 날아가 해, 달, 북두칠성을 찾아내고 제자리에 돌려놓았다. 또 마른 산꼭대기에서 가져온 불과 연료를 사람들에게 줬다. 끝으로 기울어진 땅을 고쳤다. 이때는 땅이 훨씬 가벼웠던지 위아래로 돌면서 바닷물을 옮겼다. 그래서 한곳으로 모인 물이 한동안 가만히 있다가 땅이 다시 기울면 물도 쏠렸다. 땅을 움직이지 않는 안전한 곳으로 만들고 싶었던 큰까마귀는 멀리 북쪽으로 날아가서 높은 산에 있는 거대한 빙하의 큰 얼음덩어리를 가져왔다. 얼음을 땅 위에 올려놓자 얼음이 땅을 눌러 이제 기울지 않게 됐다. 그때부터 땅은 가끔 구르고 흔들리긴 해도 보통은 움직이지 않았고 홍수도 일어나지 않았다.

"풍경을 단순히 우리 주변에 보이는 산, 개울, 강, 건물, 지평선 등으로 생각해선 안 된다. 풍경은 땅과 하늘과 '사람'의 혼합물이다. 대개의 창조이야기에서는 사람과 장소를 분리할 수 없다. 풍경은 각 부분이 함께 움직이는 분명한 전체로 인식된다."

호주 남서부 나무가 자라지 않는 널러버 평원의 사막과 멕시코 유카탄 반도의 열대 정글은 평평하다는 점 빼고는 닮은 구석이 없다. 서로 지구 반대편에 자리한 두 지역에는 그러나 공통점이 하나 더 있다. 거대하고 구불구불한 동굴들이 얽혀 있는 석회암 지형이 현재까지 전해오는 창조이야기들의 절정 장면에서 배경이 된다는 점이다.

　호주 원주민이 들려주는 '꿈의 시대' 이야기에는 동굴로 뛰어들어 곤충, 뱀, 새 같은 처음 세상의 피조물을 잠에서 깨운 태양여신이 등장한다. 여신은 이 생명체들이 지상에서 조화롭게 살 거라고 믿었다. 고대 마야 영토의 시발바Xibalba(두려움의 장소)는 지하의 왕들이 거주하는 웅장한 동굴 사원이다. 지하 왕들은 온갖 전염병과 불운을 품은 자들로 '조물주-모형 제작자Maker-Modeler'라 불리는 양성兩性의 신이 빚은 모든 생명체에 사악한 기운을 불어넣으려 한다. 하지만 위에서 보낸 쌍둥이 영웅이 지하세계의 입구를 통과해 사악한 세력과 최종 결투를 벌이며 장애물을 격파한다. 그들의 또 다른 적은 시간이다. 첫 새벽이 오고 지상에 생명의 씨앗이 뿌려지기 전에 사악한 왕들을 이겨야 한다.

　역시 벌집처럼 얽힌 동굴 풍경에 거주하는 페루 잉카족의 후손들은 그들의 첫 번째 왕, 최고의 부자 이야기를 들려준다. 창조신 비라코차Viracocha가 아직 단단해지지 않은 진흙으로 빚은 그는 한 동굴에서 등장하는데, 이 동굴은 티티카카 호수에서 시작해 잉카족이 강력한 제국의 수도를 짓는 곳까지 이어진다.

이번 이야기에서도 모양과 상태를 바꾸는 변신술이 반복적으로 나타난다. 잉카 이야기에서는 사람이 새로 변하고, 마야 이야기에 등장하는 쌍둥이는 사람을 죽였다가 다시 살리는 비범한 능력을 지닌다. 쌍둥이는 이 능력을 좋은 쪽으로 사용해 사악한 왕들을 편도 여행으로 보내버린다. 호주 원주민 신화에서는 자기 모습에 만족하지 못한 태초의 피조물이 변신 능력을 지닌다. 이들은 작은 물고기에서 개구리로, 또 쥐에서 박쥐로 변한다. 지상에서든 지하에서든 자기만족은 때로 쉽지 않다.

이런 종류의 변신 이미지가 자연계 어디에서 왔을지 이해하려면 숲에서 쓰러진 나무를 유심히 살펴보라. 한쪽은 나무지만 반대쪽은 형태가 사라지며 숲의 바닥과 섞여 썩어간다. 그 거무스름한 물질을 들여다보면 비옥한 주변 환경의 힘으로 작은 새싹이 자라는 것을 발견할 수도 있다. 한때 살아 있던 것은 죽어서도 다시 생명을 얻는다.[1]

11장
꿈의 시대에 동굴 속에서 생명을 창조한 여신

오세아니아

호주의 신화 지도를 보면 모든 주요 인물들이 어떤 방식으로든 풍경과 연결된다.[1] 호주 원주민 신화학자가 쓴 말이다. 신화는 다양하지만 신화가 전하려는 내용은 지리학자와 지질학자가 발견한 수천 년의 풍경 변화와 직결된다. 한때 비옥한 영토였던 곳이 현재는 사막이 됐고, 그레이트배리어리프를 따라 이어지던 해안 지대가 지금은 물에 잠겼다. 또 휴화산이 있다. 어떻게 보면 호주 원주민 신화는 현실이다. 이곳의 풍경은 토착 이야기꾼들이 '꿈의 시대'라고 부르는 시기에 창조되고 변화했다. 꿈의 시대는 시간 밖의 시간이며 영웅적이고 초자연적인 조상들이 적극적으로 신성한 장소, 사람, 동식물, 법, 관습을 만들던 시간이다. 꿈의 시대는 모든 호주 원주민의 지식과 존재 법칙의 원천이다.

이 이야기를 맨 처음 전한 사람은 호주 남서부 해안의 카라루족Karraru 여성이다. 이야기가 펼쳐지는 곳은 초목이 자라지 않는 600킬로미터 길이의 고원, 널러버 평원이다. 지질학자들의 연구에 따르면 이곳은 한때 고대 석회암 해저였으며 지금도 싱크홀이 움푹움푹 파여 있고 구불구불한 동굴들이 그 안에 있다. 물이 찬 동굴들 가운데서도 세계적인 규모다.[2]

대지를 뒤덮은 어둠은 차갑고 고요하고 어디에나 존재하면서 움직이지 않았다. 어둠은 산과 계곡과 널러버 평원의 동굴을 감쌌다. 이곳에서 가장 깊은 '킬라 윌파 니나Killa-wilpa-nina'라는 동굴에 아름다운 여신 카라루가 살았다.[3] 여신은 이곳에서 자고 동쪽으로 가서 아침을 시작했다. 그녀는 눈을 뜨고 숨을 들이마셔 어둠이 사라지게 했다. 그리고 하늘로 올라가 황량한 풍경 위를 동에서 서로 여행했다. 그녀의 발길이 닿은 땅에서 풀과 나무와 작물의 싹이 쑥쑥 올라왔다. 이제 땅 밑으로 내려가 킬라 윌파 니나로 돌아갔다. 다음날에도 다시 길을 떠났는데 이번에는 약간 북쪽으로 경로를 바꿨다. 며칠 더 북쪽으로 멀리 다닌 후에는 좀 더 남쪽으로 방향을 틀어 일 년 만에 시작했던 곳으로 돌아왔다. 그동안 식물과 동물이 여신의 발자국에서 계속 흘러나왔고 북쪽 저편부터 남쪽 멀리까지 생명이 가득 찼다.

땅이 준비되자 카라루는 빛과 온기를 가지고 동굴 밑으로 깊이 내려갔다. 그녀는 지하세계를 뒤덮은 단단한 얼음을 녹이고 그곳에서 잠자던 각양각색 곤충들의 영혼을 깨웠다. 그리고 곤충들에게 지상으로 올라가 그곳을 더 아름답게 만들라고 명령했다. 다음에는 뱀과 도마뱀을 끄집어냈다. 이후 온갖 동물이 땅속 구멍에서 나타나 풍경 위를 걸어 다니기 시작했다. 여신은 동굴의 얼음이 녹아 흐르는 강에 갖가지 크고 작은 물고기를 풀었다. 자신이 한 일에 만족한 카라루는 다시 신록이 우거진 널러버 평원의 풍경 위로 날아갔다. 그녀는 잠을 깬 생명체들에게 원하는 모습이 될 수 있는 능력을 주었다. 모두가 조화롭게 살 거라는 믿음에서였다. 하지만 그렇게 되지는 않았다.

얼마 후 털 달린 동물들이 새들의 날아다니는 능력을 질투하게 됐다. 어떤 물고기는 다른 동물들처럼 햇빛을 많이 받지 못한다고 불평했다. 이들은 그저 자신의 모습이 싫었다. 이때는 원하는 대로 변할 힘이 있었으므로 이들은 모습을 바꾸기로 했다. 어떤 쥐는 깃털 없는 새로 변신했다. 다람쥐와 여우도 똑같이 했다. 작은 물고기는 개구리로 변했다. 밤에도 사냥할 수 있도록 눈을 키운 새들은 밝은 낮에는 컴컴한 동굴에서 지내야 했다. 캥거루, 웜뱃, 코알라, 또 오리 부리에 비버 꼬리가 달린 생명체 등 이상한 동물들이 풍경을 장악하기 시작했다. 태양 여신은 자신의 피조물들이 보이는 행태를 보고 아이들 두 명을 낳았다. 샛별과 달이었다. 이 둘이 아이 두 명을 낳아 지구로 보냈다. 그들이 우리 조상이 되고 동물들을 이끌게 된다. 지능을 선물로 받는 이들은 자신의 모습을 바꾸고 싶은 마음이 들지 않을 정도로 현명하다. 하지만 이 선물을 어떻게 받을 것인가?

태양 여신은 바람에게 이 새로운 지능을 지구 전역에 보내라고 명령했다. 바람이 북쪽, 동쪽, 남쪽, 서쪽을 지나면서 바닷물에 큰 파도를 일으켰다. 번갯불이 번쩍이며 산을 때리고 바위가 바람에 날아다녔다. 폭우로 땅이 잠기자 캥거루, 웜뱃, 에뮤가 모두 동굴로 달아났다. 새, 도마뱀, 곤충은 다들 오들오들 떨면서 뒤이은 어둠 속으로 숨었다. 다음 날 아침 태양이 떠오르고 사방이 고요해 보였다. 어떤 생명체도 감히 나오지 못했다. 드디어 고아나(큰 도마뱀) 한 마리가 동굴 입구로 얼굴을 빼꼼 내밀었다. "뭐가 보여요?" 수리매가 조마조마한 마음으로 물었다. "캥거루보다 좀 더 큰 형체가 보였어요. 눈이 고아나처럼 크지는 않은데, 세상에, 정말 밝았어요!"[4] 동물들이 드디어 용기를 내서 밖을 내다봤다. 그때 다리 둘 달린 생명체가 동굴 입구로 다가오더니 동물들에게 가족과 나눌 음식을 권하고 위로 올라와 지능을 선물로 받으라고 손짓했다.

동물과 사람이 함께 평원 중앙, 그들이 고른 언덕 위로 올라갔다. 그곳에서 좀 기다리다가 눈이 예민한 수리매가 북쪽에서 소용돌이치며 다가오는 먼지기둥을 발견했다. 다음에는 서쪽의 먼지기둥이 그들에게 다가왔다. 세 번째는 남쪽에서 네 번째는 동쪽에서 왔다. 먼지기둥 네 개는 한데 모여 언덕 꼭대기로 내려왔다. 쌩쌩 불어대는 바람에서 번개가 치더니 여신의 목소리가 사랑의 메시지를 군중의 머리 위로 들려주고 자신의 지능을 사람들에게 전해주었다. 또 세상의 모든 생물들에게 서로 아끼고 조화롭게 살라고 명했다. 이후 태양 여신은 매일 동서를 가로지르며 남북을 도는 여행을 영겁의 시간 동안 계속했다. 그리고 다시는 멈추지 않겠다고 약속했다.[5]

12장
지하세계와의 전투에 이은 마야족 생명의 새벽
메소아메리카

우리는 지평선이나 수평선을 지상(지리학 또는 지질학)과 천체(기상학과 천문학) 사이의 경계선이라고 생각하지만, "모든 하늘 땅"이란 표현을 쓰는 유카탄 반도의 마야인들은 그런 경계를 인정하지 않는다.《포폴 부흐Popol Vuh(충고의 서)》같은 마야족 우주 신화는 놀랍도록 재미있는 이야기이기도 하지만, 이 창조이야기가 말하는 지상과 천상의 동맹 뒤에는 우리가 외부 세계와 하늘을 바라볼 때 더는 물으려고 하지 않는 질문들을 던지는 진실한 사람들이 있다.1 젠더와 성의 기원은 무엇인가? 번식력 혹은 그와 관련한 힘은 어디에서 나오는가? 우리는 죽어서 어디로 가는가? 미래에 우리에게 어떤 일이 생길지 어떻게 알 수 있나? 어

쩌면 이야기 속 많은 질문에 대한 대답은 스페인 정복자들에게 비밀로 하기 위해 눈에 보이는 행성의 특징과 변화에 대한 비유로 암호화됐을 수도 있다. 태양과 가장 가까운 수성과 금성에서 특히 잘 나타나는 하강과 부활, 그리고 해와 달과 금성 사이의 이중·삼중 결합을 예로 들 수 있다. 마야인들의 글을 조사한 현대 연구에 따르면 이들은 분명 방대하고 정확한 천문 지식을 보유했다. 내가 여기서 선택한 《포폴 부흐》 버전은 데니스 테드록 Dennis Tedlock이 해석하고 과테말라 고지대 혈통의 영적 지도자 가운데 한 명인 안드르스 실로지 Andrs Xiloj가 주석을 단 저서 내용을 각색한 것이다.[2]

마야인들은 고정된 수학 방정식으로 자연의 운행을 표현하려는 욕망보다는 우주와 인류에 내재하는 힘을 사람들의 행복을 증진하는 방향으로 중재해야 한다는 필요성에 따라 움직였다. 그들의 목표는 우주의 지식을 가져와 인간의 행동에 적용하는 것이었다. 마야인들에게는 자연계가 변하는 특정 기간의 일을 이야기하는 것이 삶을 윤택하게 하고 이들이 거의 강박적으로 중요시했던 시간에 의미 있는 구조를 더하는 논리적 방법이었다.[3] 하나와 일곱 죽음, 후나흐푸 Hunahpu(하나의 왕) 등 《포폴 부흐》에 등장하는 인물의 이름은 대부분 신성한 260일 순환 주기 속 날짜들이다. 자신의 생일이 이름이 된다고 상상하면 이해하기 쉬울 것이다. 어떤 경우, 특히 마야 고전기(200~900년)처럼 고도로 구조화된 사회에서는 사람과 자연계의 관계가 지배계급을 통해 형식화됐다. 그래서 우리는 이들의 도시 유적에 있는 기념비에 새겨진 제문과 기타 예술적 표현에서 《포폴 부흐》의 요소를 발견한다. 가령 이 도시의 석재 부조에는 젊은 지도자들이 옥수수 새싹으로 표현돼 있다.[4]

옥수수가 창조의 중심에 놓이는 것이 마야인들에게는 자연스러웠다. 우리가 먹는 음식이 곧 우리다. 그리고 옥수수 농업은 마야 문명의 생명줄이다. 대지에 심은 씨앗에서 싹이 트면 식물이 자라기 시작하고 하늘에 해와 달과 별을 심으면 세상이 밝아진다. 이런 씨뿌리기와 세상의 여명이 자궁에서 생겨나 세상에 태어날 운명을 맞이하는 인간에 비유된다.

마야 땅에는 강이 없다. 유카탄 반도 중심부의 카르스트 지형은 자연 발생한 싱크홀로 얽혀 있다. 이를 세노테cenote라고 하는데 지하수가 석회석 기반암을 녹이면서 형성된 구덩이들이다. 유카탄 반도에 6천 개 이상의 세노테가 있고, 가장 큰 구덩이는 깊이가 100미터를 넘으며 대규모 수중 동굴계와 연결된다. 현재도 마야 지역에 가면 세노테를 볼 수 있는 고대 유적지가 많다. 마야인들은 세노테와 동굴을 보며 발밑에 깔린 알 수 없는 세계를 궁금해했고 또 그 세계가 지상 세계와 어떻게 연결되는지도 생각했다. 지상에는 '조물주-모형 제작자'라 불리는 천상의 양성 창조신과 쌍둥이 영웅이 살았고, 쌍둥이 영웅은 '하나와

유카탄 반도 볼론첸의 세노테를 탐험하는 마야인들.

일곱 죽음'이라 불리는 사악한 힘에 맞서기 위해 이들이 사는 지하 동굴 세계로 내려간다. 그들은 다음과 같은 다급한 질문에 답해야 한다. 해가 떠오르면 누가 땅과 태양 사이의 세상을 보살필 것인가?

결정적 장면은 시발바라고 하는 지하 공간에서 펼쳐진다. 두려움의 장소를 뜻하는 이곳으로 내려가기 위한 지상 통로는 두 군데가 있다(과테말라와 멕시코의 여러 고고학 유적지에서 유물, 석조 사원, 사람 뼈 등이 들어 있는 동굴들이 발견됐는데, 이런 곳이 마야족의 지하세계 입구였을 것으로 추측된다). 쌍둥이 영웅은 위험한 통로 한 곳을 따라 들어가 지하세계로 가고 피와 고름이 흐르는 강과 박쥐가 가득한 어두운 집을 지나 마침내 하나와 일곱 죽음의 성에 도착한다. 여기서 창조가 일어나기 전 기지를 겨루는 최종 전투가 벌어진다.

우리가 이미 만난 많은 창조이야기와 마찬가지로 《포폴 부흐》초반부는 창조 작업이 얼마나 힘든 일인지 독자에게 알려준다. 결국 신들은 완벽하지 않다.

창조는 대단한 공연이자 "모든 하늘 땅"을 불러온 장편 드라마였다.

조물주, 모형 제작자,

생명과 인류의 어머니-아버지,

숨을 주는 이, 심장을 주는 이,

영원한 불빛 아래

빛에서 태어난 자, 빛에서 생겨난 자를 낳고 키우는 분,

전사, 존재하는 모든 것을 아는 분,

하늘-땅, 호수-바다.[5]

태초에는 사람이나 동물, 물고기, 나무가 단 하나도 없었다. 동굴, 협곡, 초원, 숲도 없었다. 오직 위는 하늘이고 아래는 바다였다. 무엇도 움직이지 않았고 무엇도 흔들리지 않았다. 그러다 조물주-모형 제작자, 어머니-아버지는 파종과 새벽을 어떻게 창조할지 이야기했다. 깃털 달린 뱀 군주, 벼락 허리케인, 하늘의 심장 같은 다른 신들과도 이야기했다. 이들은 우선 말로 창조하기로 하고 말했다. "대지여, 이렇게 되어라, 생각해보아라." 그러자 산들이 물에서 올라와 물과 분리되고 개울과 계곡이 만들어졌다. 사슴, 새, 퓨마, 재규어, 방울뱀, 큰삼삭머리독사 같은 동물을 창조하는 것도 문제가 없었다.[6]

신들은 새로 지은 덤불의 수호자들에게 '각자의 언어로 서로 대화하라'고 명했다. "이제 우리의 이름을 지어라." 신들이 말했다. "우리는 너희의 어머니-아버지다. 우리에게 이야기하고 기

도하며 기념일을 지켜라." 하지만 동물들은 쩍쩍, 깍깍거리거나 울부짖기만 했다. "결과가 별로 좋지 않군요." 조물주-모형 제작자, 낳고 기르는 자, 어머니-아버지가 말했다. 신들은 동물들에게 변해야겠다고 말했다. "너희가 기르는 것, 먹는 것, 잠자는 곳, 머무는 곳, 너희 것이라면 무엇이든 협곡과 숲에 남아 있을 것이다." 하지만 이에 대한 보답으로, 우리의 기념일을 지켜줄 자들을 우리가 곧 창조하면 그들에게 "살이 먹힐 것이다". 이제 신들은 새 환경을 보살피는 무거운 의무를 수행할 사람들을 창조해야 했다. 아직 해는 뜨지 않았지만 이미 새벽빛이 동쪽에서 밝아오고 있어 신들은 불안했다.[7]

신들은 다시 창조 활동을 시작했다. "파종할 시간과 새벽이 거의 다 됐습니다. 그러니 우리는 부양하고 양육할 자를 만들어야 합니다. 그렇지 않으면 이 땅에서 누가 우릴 기억하고 부르겠습니까?"[8] 어머니-아버지는 이제 흙으로 신체를 빚어보기로 하고 시도했지만 제대로 되지 않았다. 머리가 안 돌아가고 얼굴 한쪽이 내려앉았다. 말을 하긴 했지만 엉뚱한 소리만 했다. 실패했다는 것을 깨달은 신들은 포기하고 흙덩이가 무너져내리게 놔뒀다.

다음에는 목공을 해보기로 하고 막대기를 팔다리로 꽂은 나무 조각을 만들었다. 머리에 입을 뚫었더니 말도 했다. 나무 생명체들은 번식까지 해서 아들딸을 낳았다. 하지만 이들에게는 피도 체액도 지방도 없었다. 얼굴은 딱딱하고 바싹 말랐다. 무엇보다도 "가슴과 머리에 아무것도 들어 있지 않았다".9 누가 자신들을 만들었는지 기억하지 못하고 그저 아무 목적 없이 돌아다니기만 했다. 그래서 신들은 대홍수를 일으켜 이들을 쓸어버렸다.

이제 시간이 얼마 안 남았고 상황이 더 긴박해졌다. 태양이 떠오르기 직전인데 신들은 대지의 만물을 돌볼 피조물을 만들지 못했다. 그래서 하늘에서 쌍둥이 영웅, 후나흐푸(한 왕)와 시발랑케Xbalanque(일곱 왕)를 보냈다. 둘은 지상에서 사악한 세력과 싸워 전투 경험을 쌓은 후 지하세계에서 올라오려는 사악한 세력을 정복해 세계가 위대한 새벽을 맞을 무대가 되도록 서둘러 출발했다.

쌍둥이는 은하수의 어두운 틈이 동쪽 지평선과 만나는 입구를 통해 시발바로 내려갔다. 이들은 지하로 내려가 칠흑같이 새까만 어두운 집, 집안 가득 재규어들이 울부짖는 재규어 집, 우박으로 채워진 차가운 집에서 차례로 악을 물리쳤다. 마침내 시발바의 사악한 왕들이 사는 지하세계 집에 도착했다. 이 집은 피수집가, 피투성이 이빨, 황달의 주인, 고름의 주인, 딱지의 주인, 뼈를 든 왕과 이들의 지도자 한 죽음과 일곱 죽음 등 질병 전파자들이 사는 곳으로 이들의 유일한 관심사는 태양이 떠오른 후 땅에서 살게 되는 어떤 종족의 삶도 견딜 수 없게 만드는 것이다. 사악한 왕들은 지상 세계로 보낸 전령으로부터 쌍둥이가 교활하고 명석할 뿐 아니라 최고의 춤꾼이자 예능인이라는 소식을 듣는다.

"그 두 방랑자가 누군가? 그들이 그렇게 재미있나? 그렇게 춤을 잘 추는가?" 지하세계 왕들의 우두머리인 '한 죽음'이라는 자가 물었다. "그 자들은 뭐든 다 합니다!" 하지만 쌍둥이가 찢어진 누더기를 걸치고 위엄이라고는 없는 모습으로 나타나자 왕들은 어리둥절했다. 그들은 여흥을 원했다. 이들을 즐겁게 해주기 위해 쌍둥이 소년들은 춤을 살짝 보여줬다. 족제비 춤을 추고 쏙독새 춤도 추고 아르마딜로 춤도 췄다. 지루해진 시발바인들이 마술쇼를 보여달라고 했다. "내 개를 제물로 올려라. 그리고 다시 살려내라." 왕 한 명이 요구했다. 그래서 쌍둥이는 개를 죽였고 개는 다시 살아났다. 다시 살아났을 때는 기분이 좋은지 꼬리까지 흔들어댔다. '사람을 죽여 제물로 바친 후 다시 살리긴 힘들겠지.' 한 죽음이 한 단계 높은 도전 과제를 제시했다. "너희들이 직접 해 봐라. 한번 보자. 그게 우리가 진짜 원하는 춤이다!" 후나흐푸는 망설이지 않고 쌍둥이 형제 시발랑케를 데려와 제대(祭臺)에 눕히고 사지를 벌렸다. 그런 다음 벼락을 내리칠 때 쓰는 도끼를 손에 쥐고 형제의 머리통을 댕강 잘랐다. 머리가 굴러가는 걸 왕들이 지켜봤다. 후나흐푸는 형제의 심장을 파내서 나뭇잎으로 감싸고 높이 쳐들었다. 시발바 사람들은 미칠 듯이 기뻐했다. "일어나라!" 후나흐푸가 남아 있는 형제의 사지를 내려다보며 말했다. 그러자 시발랑케가 즉시 살아났고, 춤까지 추며 새로 얻은 생명을 증명했다.10

한 죽음과 일곱 죽음의 눈이 휘둥그레지고 지하세계의 왕들도 광란의 춤에 빠져들었다. "우리도 해 줘! 우리도 제물로 바쳐라!", "우리 둘 다 제물로 바쳐!" 지하세계 왕들은 죽었다가 마술처럼 다시 살아나는 기분을 느끼고 싶어 안달이 났다. "당신에게 죽음은 무엇입니까?" 쌍둥이가 응수했다. "당신들의 영토에 종속된 이들과 우리가 당신을 행복하게 해주지 않나요?"11 한 죽음이 맹렬하게 앞으로 나왔다. 그가 처음으로 제물이 되기로 했다. 그가 죽자 일곱 죽음이 뒤를 이었다. 다만 쌍둥이 영웅은 두 사람을 다시 살려주지 않았다. 다른 왕들은 혼란스러웠고 당황했다. 몇 명이 더 뒤를 이어 제물이 됐다. 그러나 다른 이들은 명석한 쌍둥이가 그들을 속였다는 걸 깨달았다. 그들은 눈물을 흘리며 자신들에게 온정을 베풀어달라고 애원했다. 남은 지하세계 거주민들은 대협곡으로 끌려가 깊은 심연에 첩첩이 쌓였다. 수많은 개미 떼처럼 줄줄이 거대 동굴로 굴러떨어진 그들은 순순히 무릎을 꿇고 울며 항복했다. 이렇게 시발바의 지도자들은 패배했다. 그리고 쌍둥이 소년도 놀라운 자가 변신의 임무를 완수했다.

패배한 왕들은 정복자에게 다음과 같이 벌을 받았다: 이날부터 세상에 역병을 가져오는 네 재능은 하찮아질 것이다. 너, 딱지의 주인이 만들 수 있는 딱지는 "거친 나무 수액 덩어리 정도일 것이다". 그리고 피 수집가, "너는 초원과 빈터의 생물만 먹을 것이다".[12] 한때는 세상을 전염시킬 것으로 여겨졌던 끔찍한 질병들이 이렇게 사라졌다.

드디어 어머니-아버지 창조자들의 이름을 부를 만한 제대로 된 사람을 창조할 세계 무대가 준비됐다. 신들은 다음과 같은 재료로 작업했다. 우선 피가 될 물을 준비했다. 다음으로 살이 될 노란 옥수수와 하얀 옥수수를 같이 갈았다. 사람을 빚을 때 손에 묻힌 기름은 체지방이 됐다. 신들은 이렇게 주식만 가지고 손으로 인류를 만들었다. 신들은 네 명을 만들고 이들을 혈통에 따라 나눠 모든 후손의 첫 번째 아버지가 되게 했다. 그리고 피조물을 바라보며 그들의 말을 들었다. 또 사람들이 이야기하고 보고 걷고 지식을 습득하는 것을 지켜봤다. 사람들에게 안전한 장소를 주고 세상에 질서를 가져온 쌍둥이 영웅에게도 감사를 표했다. 이때 태양이 막 떠오르려고 했다. 그래서 두 소년도 올라갔다. 지표면에 드디어 빛이 비치자 둘은 하늘로 올라가서 하나는 태양이 되고 하나는 달이 됐다.

13장
신성한 동굴의 문을 지나 탄생한 잉카의 조상
남아메리카

에콰도르에서 안데스 산맥을 따라 아르헨티나 남쪽으로 뻗은 잉카 제국은 콜럼버스가 신세계에 도착했을 당시 그곳에서 가장 큰 제국이었다(멕시코 중부의 아즈텍 왕국이 두 번째였다). 잉카 제국은 지도자 투팍 잉카 유팡키Túpac Inca Yupanqui가 15세기 중반 고대 조상들의 뜻에 따라 군사 확장을 시행하며 통합됐다. 전하는 이야기에 따르면 이 조상들은 투팍 잉카 유팡키가 수도 타우안틴수유Tahuantinsuyu를 세운 곳 근처의 동굴에서 나타났다.

오늘날의 페루 쿠스코에 있는 타우안틴수유(네 구역이 연합한 왕국)의 지형은 동굴이 벌집처럼 얽혀 있고, 이야기하는 사람에 따라 여러 동굴이 신화 속 출구와 일치한다. 이런 동굴 인근에 거주하는 소수민족에게 뒷마당이 그들의 기원에서 가장 중요한 현장이었다고 말해준다면 그들은 분명 좋아할 것이다.

태초에는 만물이 어둠 속에 놓여 있었다. 코야수유Collasuyu(남동쪽)라는 방향에 있는 산 위, 티아우아나코 근처 호수에서 비라코차 신이 나타났다. 그는 태양신 인티Inti와 그의 누이이자 부인이기도 한 달의 신 마마 키야Mama Quilla를 창조했다. 부인의 밝은 얼굴을 질투한 남편이 얼굴에 재를 뿌리는 바람에 그녀의 얼굴에는 거무스름한 얼룩이 있다. 인티와 마마 키야는 다시 태초의 인간들을 낳았다. 인티는 가장 아끼는 아야르 망코Ayar Manco(태양의 아들)와 그의 누이이자 부인인 마마 오크요Mama Ocllo(달의 딸)를 형제자매 세 쌍과 함께 동굴로 보냈다. 이곳에서 긴 지하 통로를 지나면 파카리탐보Pacaritambo(새벽의 여관)의 탐보 토코Tambo Toco(창문의 집)라는 신성한 동굴의 출입구가 나온다. 이 동굴에는 출입구가 세 개 있었는데 아야르 망코와 부인은 가운데로 나왔다. 신성한 동굴에서 빠져나온 후 아야르 망코는 인티에게 받은 황금지팡이를 땅에 꽂았다. 지팡이가 쑥 들어가는 땅을 찾고 땅을 비옥하게 해 첫 옥수수를 심기 위해서다. 거기서 그는 첫 지도자가 된다. 태양 민족은 그곳에서 돌 전사 푸루라우카스

pururaucas들의 도움을 받아 문명을 개척하고 세계의 종족을 모두 연합해 영원히 평화롭게 통치하게 된다.[1]

그러나 조상들은 경쟁 관계에 있는 친족 집단들과 싸우느라 평탄하게 여행할 수 없었다. 경쟁 집단 역시 호수에서 지하 통로를 지나 신성한 동굴로 가는 길을 찾아 가까운 입구로 나왔고 마찬가지로 정착할 장소가 필요했다. 문제는 친족 집단 내부에서도 발생했다. 형제 중에 아야르 카치Ayar Cachi가 특히 제멋대로였다. 그가 슬링(투석구)으로 산을 무너뜨리는 바람에 돌과 먼지가 하늘을 날아다녔다. 아야르 망코는 그를 제거하기 위해 황금잔, 씨앗 주머니, 고귀함을 상징하는 작은 라마 모형 등 신성한 물건을 실수로 놓고 왔다고 하고 그를 탐보 토코로 보내기로 했다. 그리고 조상들과 연합한 종족 가운데 한 사람을 같이 보내면서 자신의 골칫거리 형제를 없애달라고 했다. 두 사람이 탐보 토코에 도착한 후 아야르 카치가 물건을 찾으러 동굴에 들어가자 동행은 즉시 거대한 바위로 동굴 입구를 영원히 막아버렸다.

아야르 망코 일행은 우아나카우리Huanacauri라는 산 정상에 올라 그들의 고향이 되는 계곡을 처음으로 내려다봤다. 이들은 아야르 망코가 무지개 신호를 봤을 때, 그리고 내려오는 길에 황금지팡이 전체가 땅에 꽂혔을 때, 이곳이 원하던 그 장소임을 알았다.

아야르 우추Ayar Uchu 형제가 한 쌍의 날개를 펴고 산에서 훨

펠리페 구아만 포마의 《새 연대기와 좋은 정부》(원주민 역사가인 저자가 스페인 국왕 펠리페 3세에게 헌정했다고 하는 1,200쪽 분량의 연대기)에 실린 그림. 잉카인들이 탐보 토코 동굴에서 조상들에게 경배하고 있다.

훨 날아올라 하늘로 갔다. 그리고 돌아와서 태양과 나눈 대화를 들려줬다. 태양은 이제부터 아야르 망코가 망코 카팍^{Manco Cápac}(최고의 부자)이 된다고 선언했다. 임무를 마친 아야르 우추는 즉시 돌로 변했다. 망코 카팍은 첫 옥수수밭에 씨를 심어 땅을 경작했다. 이후 잉카 조상들을 경배하는 의식이 초대 왕의 지휘에 따라 탐보 토코에서 치러졌다. 이곳은 여행자들의 중요한 순례지가 됐다.[2]

드넓은 바다 한가운데 놓인 섬에 사는 사람에게는 지질학이 중요하다. 특히 고향 땅이 어떻게 그곳에 생겨났는지 알고 싶다면 더욱 그럴 것이다. 활화산이 가까이 있다면 위에서 떨어진 바위들이 모여 섬이 됐다고 상상할 수도 있다. 지질구조의 힘으로 서서히 들어 올려진 정적인 영토에 산다면 바다 밑바닥에서 섬을 건져 올렸다는 이야기가 더 믿을 만할 것이다. 폴리네시아 바다에서는, 특히 지각판이 만나는 곳에서는 바다에 갑자기 나타난 땅을 목격하는 일이 드물지 않다. 수중 화산 폭발로 부석이 거대한 판처럼 떠다니는 일이 목격된 경우도 있다.[1] 하와이에서는 트릭스터 신 마우이Maui가 마법의 낚싯바늘로 바다에서 섬을 잡아당겼다. 폴리네시아 세계의 부모 신화는 자연의 힘을 의인화시킨 가족 간의 다툼을 보여준다. 그중 가장 끔찍한 자연의 힘은 바다 가까이 사는 힘없는 사람들을 끝없이 위협하는 폭풍우다.

　　생물학은 동남아시아 다도해에 위치한 도부섬 사람들의 창조 서사가 이어지는 데 중요한 역할을 한다. 이곳 사람들은 매년 보름에 모여, 해수면에 생식기의 산물을 띄워두는 벌레들을 엄청나게 거둬들인다. 이곳 사람들은 조상들이 온갖 생명체가 즉각적으로 형태를 바꾸는 세계에서 왔다고 말한다. 이들은 '닭과 달걀' 문제도 명쾌하게 해결했다. 일본의 신토神道 창조 신화〈우리 열도는 어떻게 만들어졌나〉에서는 세계가 원래 알처럼 생겼다고 말한다. 창조 활동은 대부분 부인이 사악한 자식을 낳으면서 화가 난 남성 신이 벌인다. 이 모든 일이 일어나는 아와지淡路島(불만족 섬)는 지금도 위험한 조류, 소용돌이, 지진이 일어나는 곳으로 알려져 있다.

마지막으로 섬과 관련된 두 이야기가 각각 애팔래치아 산맥 북쪽의 호데노쇼니족Haudenosaunee(이로쿼이족)과 남쪽의 체로키족Cherokee에서 나온다. 우리는 이들의 영토를 섬이라고 생각하지 않지만 미국 북동부와 캐나다 동부의 지리를 보면 사방이 물로 둘러싸인 세계가 보인다. 발밑에 거꾸로 존재하는 신기한 세상을 상상하는 체로키족 신화는 거대한 새의 날갯짓으로 산이 만들어지는 것이 주된 내용이며 하와이 신화와 함께 문화적인 접촉을 통해 들어온 많은 이야기 가운데 하나다.

14장
끊임없이 폭풍우와 싸우며 탄생한 천 개의 섬

— 폴리네시아 —

지구 표면은 78퍼센트가 물이고, 태평양 중앙과 남쪽의 폴리네시아를 구성하는 천 개의 작은 섬은 태평양 남서쪽 가장 끝에 있는 뉴질랜드를 제외하면 전체 육지 면적의 2퍼센트도 안 된다. 그러므로 섬사람들이 살아가는 세계가 어떻게 창조되었는지 알 수 있는 폴리네시아 이야기에 땅의 힘과 물 사이의 긴장감이 핵심 주제로 등장하는 것은 놀라운 일이 아니다. 북쪽의 하와이부터 남동쪽의 이스터섬까지, 이들의 창조이야기는 내가 이 책에서 들려준 이야기들과 비슷하다. 여성 대지와 남성 하늘 사이에서 태어난 자연의 힘이 고도로 의인화되어 전투를 벌인다. 대지와 하늘은 단단히 결합하고 있었으나 창조의 아이들이 부모 사이를 억지로 떼어놓고 그 사이에 햇빛이 들어오면서 둘의 결합은 풀어진다. 부모를 떼어놓는 세력 중에는 숲과 땅의 산물도 있다. 하지만 가장 위협적이면서 주인공 역할을 하는 힘은 폭풍이다. 드넓은 바다 한복판에서 잘 살아보려는 사람들을 심각하게 위협하는 폭풍은 풍경의 귀중한 가장자리를 끝없이 갉아먹으며 바다의 수위를 높인다. 폭풍은 허리케인 같은 기상이변을 일으킬 때 특히 위험해진다. 곤경에 처한 사람들은 줄어드는 땅을 지키고 어머니 대지의 몸에서 후손이 계속 자랄 수 있도록 이 사나운 싸움에서 이겨야 한다.

* **장소**: 남태평양 한가운데의 작은 섬
* **시간**: 우리가 아는 세상이 나타나기 전
* **등장인물**: 랑기(아버지) – 하늘, 파파(어머니) – 땅

　　　타네 – 숲과 숲의 모든 것을 지키는 자
　　　타피리 – 바람과 폭풍의 지배자
　　　롱고 – 모든 작물의 아버지
　　　탕가로아 – 물고기와 파충류 담당
　　　하우미아 – 야생 식량의 지배자
　　　투 마타우엥가 – 사나운 인간의 신이자 아버지

아버지 랑기Rangi와 어머니 파파Papa가 꼭 붙어 있어서 사방이 어두웠다. 이들이 낳은 아이들은 빛과 어둠의 차이를 전혀 모른 채 부부의 신체 사이에 박혀 있었다. 옛 '카라키아karakia'(마오리족 주문)가 가르쳐준 대로 "태초에 시간이 처음 갈라지고, 열 개로, 백 개로, 천 개로 갈라질 때 어둠이 있었다". 이런 비좁은 환경에 지친 랑기와 파파의 아이들은 달라붙은 부모를 어떻게 해야 할지 곰곰이 생각했다. 부모를 죽일까? 아니면 그냥 들어 올릴까? 아들 중 가장 성질이 사나운 투 마타우엥가Tū-matauenga가 주장했다. "괜찮아, 부모님을 죽이자." 타네Tané는 동의하지 않았다. "그렇겐 안 돼. 둘을 찢어버리는 게 낫겠어. 랑기는 저 멀리 우리 위에 두고 파파는 우리 발밑에 누워 있게 하자." 형제들이 모두 동의했지만 타피리Tawhiri만은 예외였다. 타피리는 그런 혼란으로 그의 왕국이 무너질까 봐 반대했다.[1]

이제 계획이 결정됐다. 롱고Rongo가 자원해 단단히 결합한 부모를 갈라놓겠다고 나섰다. 롱고가 둘 사이에서 팔을 들어 올렸지만 힘이 모자랐는지 부모는 꼼짝도 하지 않았다. 다음으로 탕가로아Tangaroa가 일어나 시도해봤지만 역시 실패했다. 하우미아Haumia와 투 마타우엥가 역시 마찬가지였다. 이제 타네의 차례였다. 숲의 신은 팔로 위를 밀고 다리로 아래를 밀며 힘을 썼지만 이번에도 소용없었다. 마지막으로 그는 물구나무를 서서 머리는 파파 쪽에 심고 발은 위로 올려 랑기를 밀었다. 깊이 숨을 마시며 등과 사지에 힘을 주고 밀고 또 밀었다. 부모가 큰 소리로 으르렁거렸다. "왜 부모를 죽이고 찢는 사악한 죄를 저지르느냐?" 둘은 점점 기세가 꺾이고 분리되기 시작했다. 타네는 멈추지 않고 파파를 아래로 누르는 동시에 랑기를 더 위로 밀어냈다. 카라키아 주문은 말한다. "타네가 맹렬하게 밀어내자 하늘과 땅이 찢어졌다. 그렇게 하늘과 땅이 갈라지며 어둠이 나타나고 빛도 나타났다."[2]

하늘과 연합한 세력은 랑기의 자식들이 랑기에게 한 짓에 대한 복수를 요구했다. 특히 타피리는 자기 뜻을 어긴 형제들에게 화가 나 형제들과 전쟁을 벌이겠다는 깊은 욕망에 사로잡혔다. 그는 어머니를 저버리기로 하고 아버지를 따라 이제 경계가 없어진 하늘로 올라갔다. 이곳에서 랑기의 조언을 얻어 강한 바람으로 알려진 연합 세력을 일으켰다. 그중 하나는 동쪽으로, 하나는 서쪽으로, 하나는 북쪽으로, 하나는 남쪽으로 보냈다. 다음으로 또 다른 자녀들을 한데 모아 내보냈다. 사나운 돌풍, 회오리바람, 빽빽한 구름, 허리케인을 알리는 구름, 불타는 검은 구름, 빛나는 붉은 빛 구름, 거칠게 떠다니는 구름, 뇌우 구름, 황급하게 날아다니는 구름 등이었다.[3] 전투 세력과 힘을 합친 타피리와 가족은 작은 섬들을 끊임없이 위협했다. 불쌍한 타네는 타피리의 강한 입김을 견디려고 발버둥 쳤다. 타네의 큰 나무들은 뿌리가 뽑히고 가지가 쪼개져 산산이 조각났고, 열매는 사방에 흩어져 썩어갔다.

다음으로 타피리는 바다를 급습했다. 거대한 회오리바람이 탕가로아를 위협했다. 탕가로아는 자식들인 물고기와 파충류를 안전하게 보호하기 위해 필사적으로 바다에서 가장 깊은 곳까지 도망쳤다. "어떻게 하지? 우리가 어디로 갈 수 있을까?" 아이들은 걱정했다. "내륙으로 날아가자." 파충류가 말했다. "깊은 바다로 가는 게 낫겠어." 물고기가 대답했다. 카라키아에 따르면 이때를 탕가로아 자녀들의 '대분리'라고 부르며 탕가로아는 자신을 떠나 타네 영역으로 피신한 자녀들에게 크게 화가 났다고 한다. 그래서 이때부터 탕가로아는 형제와 전쟁을 벌였다. 또한 타네도 투 마타우엥가의 자녀들에게 카누와 창뿐 아니라 자신의 나무로 만든 낚싯바늘, 섬유식물로 짠 그물을 줘서 탕가로아의 자녀를 파괴하게 해야겠다고 생각했다. 반대로 탕가로아는 너울과 파도로 카누를 뒤집고 쉬지 않고 철썩거리는 파도로 해안을 깎아 타네의 자녀들을 집어삼켰다.

이제 타피리는 롱고와 하우미아 형제를 공격하기 시작했다. 하지만 파파가 이들을 보호했다. 파파는 두 형제를 잡아 눌은 물론 자녀와 손자도 함께 아무도 찾을 수 없는 안전한 곳에 숨겼다. 그러자 타피리는 투 마타우엥가에게 돌진해 힘겨루기를 제안했다. 가장 강한 두 형제의 전투였다. 타피리는 전력을 다해 공격했지만 투 마타우엥가가 막아내자 소용없었다. 투 마타우엥가는 어머니 파파의 가슴 위에 꼿꼿이 서 있었고 마침내 랑기와 타피리 부자의 심장이 잠잠해졌다.

투 마타우엥가는 여전히 자신만 혼자 용기를 내고 형제들은 겁쟁이처럼 굴었던 걸 계속 곱씹었다. 그는 타네에게 복수하기로 하고 타네의 '와나케whanake' 나무에서 섬유질이 많은 잎을 뜯었다.4 그 잎을 가르고 꼬아 올무를 엮고 덫을 만든 다음 타네의 아이들이 마음 놓고 돌아다니거나 날지 못하게 숲 여기저기에 숨겼다. 역시 전투에서 자신을 저버린 탕가로아를 벌하기 위해 투 마타우엥가는 아마잎을 많이 잘라 가늘게 쪼개서 그물을 짰다. 물에서 그물을 긁어 올리자 바닷가에 사는 탕가로아의 자식들이 많이 잡혔다. 마지막으로 롱고와 하우미아를 처리했다. 제일 질긴 와나케 잎을 모아 땅 파는 도구를 만들고, 바구니도 짰다. 그리고 땅을 파고 온갖 뿌리 식물을 뽑아서 햇볕에 마르게 놔뒀다.

형제들을 물리친 투 마타우엥가와 후에 태어난 자녀들, 즉 사나운 사람들은 외로이 남아 타피리에 맞서 싸운다. 폭풍은 이후에도 영원히 인간의 적이 되어 쉬지 않고 허리케인으로 인간을 공격하며 바다에서도 땅에서도 인간을 파괴하려 한다.

이 모든 일이 타피리가 형제들을 향해 극도의 분노를 터트리면서 시작됐다는 것을 잊지 말자. 그렇게 그 많은 마른 땅이 사라졌다. 전쟁이 일어나는 동안 파파의 상당 부분이 가라앉은 것이다. 지금은 어머니의 일부만 바다 위에 남아 있다. 그때부터 땅에 비추는 밝은 빛이 늘어났고 랑기와 파파가 분리되기 전 그 안에 숨어 있던 생명이 이제 지상에서 번식했다. 랑기와 파파 사이의 첫 생명체는 인간이 아니었지만 투 마타우엥가의 아이들은 사람과 비슷한 모습을 띠게 됐다.

    랑기와 파파는 어떻게 됐을까? 그들은 지금도 계속 분리되어 있지만 여전히 서로를 사랑한다. 자세히 살펴보면 애정이 깃든 그녀의 가슴 속 부드럽고 따뜻한 한숨이 나무가 우거진 숲과 계곡에서 랑기를 향해 올라가는 소리를 들을 수 있다. 우리는 이를 안개라고 부른다. 그리고 랑기가 사랑하는 이와 떨어진 슬픔으로 밤새 울면 파파의 가슴에 자주 눈물이 떨어진다. 우리는 이를 이슬이라고 부른다.

15장
마우이는 어떻게 하와이 제도를 들어 올렸나
폴리네시아

오, 로노여! 로노여! 로노카에호여!
로노쿨라니여, 카울루오나나의 알리이시여,
이 카누에 타소서.
저희와 돌아가 초록 언덕에서 함께 하소서.
바다에서 발견하고
파도 가운에서 들어 올린 땅,
카날로아 깊은 곳에서
뾰족뾰족 튀어나온 물속의 흰 산호가
어부의 갈고리에 붙잡혔습니다.
카파아후의 위대한 어부여,

카푸헤에우아누우 라의 위대한 어부여,

카누가 뭍에 닿으면 타소서.

카누를 타고 하와이 섬을 다스리소서.

하와이는 섬,

하와이는 섬,

로노카에호가 살지어다. [1]

태평양 제도는 밑에서 낚아 올려졌을까, 위에서 던져졌을까? '낚시' 설정은 사모아, 통가, 프랑스령 폴리네시아에서 나타나는데 사모아를 제외하면 이 지역은 주로 석회석 기반이고 가장 초기부터 사람들이 살던 곳이다. 사람들이 거주하는 동안에도 활동한 것으로 알려진 이곳의 얕은 해저 화산이 그런 이야기에 영감을 줬을 것이다. 다른 낚시 이야기에는 태평양 남서쪽의 판 경계 지역에서 지진이 자주 일어나면서 땅이 올라온 사건들에 대한 기억이 들어 있을 수도 있다. '던지기' 신화는 곳곳에서 전해지는데 특히 화산 폭발이 관찰된 폴리네시아 서쪽에 많다. 마셜 제도의 한 이야기에는 트릭스터 신 에타오Etao가 옮긴 바구니에서 대지가 쏟아지는 장면이 나온다.

마우이는 이곳의 또 다른 트릭스터이자 민족 영웅으로 그의 업적이 폴리네시아 신화에 무수히 퍼져 있고 뒤늦게 사람이 살게 된 북쪽 하와이 제도에도 널리 번져 있다. 이 가운데 오늘날

우리가 아는 섬들을 마우이가 태평양 깊은 곳에서 끌어올린 이야기가 가장 유명하다.[2]

마우이는 할레아칼라 Haleakalā 산 밑에 있는 산호초에서 낚시하는 걸 좋아했다. 한때는 수면 위에 오직 이 산밖에 없었다. 그의 형들은 마우이가 물고기를 거의 잡지 못한다고 종종 놀려댔다. 하지만 형들은 마우이가 할머니에게서 받은 신성한 조상의 턱뼈로 마법의 낚싯바늘을 만들어 아무도 모르게 간직하고 있다는 사실은 몰랐다.

어느 날 마우이는 속임수를 써서 형들에게 앙갚음하기로 했다. 그래서 형들을 자신의 카누에 초대해 낚시를 떠났다. 형들에게는 탐험이 실패하지 않으려면 노를 저으면서 뒤를 돌아보지 말아야 한다고 일렀다. 형들도 동의했고 마우이는 마법의 낚싯바늘이 해저에 닿을 때까지 줄을 내렸다. "최대한 힘차게 노를 저어요." 마우이가 형들에게 소리쳤다. "엄청나게 큰 물고기가 잡힌 것 같아요." 형들이 노를 젓는 동안 마우이가 큰 섬을 끌어올렸다. 이 섬에는 나중에 그의 이름이 붙었다. "계속 당겨요. 뒤는 보지 말고요." 마우이는 더 큰 섬, 하와이를 잡아당겼다. 다음에는 오아후, 그리고 카우아이와 라나이, 또 몰로카이, 니하우,

하와이 제도 위성사진. 이 섬들은 바다에서 건져 올려졌을까?

카호올라웨, 니호아를 들어 올렸다. 갑자기 박이 물에 떠올랐다. 마우이는 박을 붙잡아 옆에 뒀다. 그러자 박이 아름다운 물의 여신으로 변했다. "뒤돌아보지 마세요." 마우이가 다시 말했지만 형들은 이제 참을 수 없었다. 형들이 몸을 돌려 아름다운 여신을 바라보는 순간 낚싯줄이 갑자기 느슨해지며 마법이 풀렸다. 하나로 합쳐지려고 하던 섬들은 다시 바다로 좀 더 들어갔다. 그래서 하와이 제도가 거대한 대륙이 되지 않고 일렬로 늘어선 것이다.

또 다른 형태의 이야기에서는 파닥거리는 물고기가 잡힌다. 물고기는 밑으로 돌진했다가 위로 올라오고, 또 빠르게 내려간다. 형제들이 같이 당기자 물고기 머리가 파도 위로 떠올라 땅덩어리로 변한다. 하지만 여전히 꿈틀거리며 엎치락뒤치락하다가 앞부분은 분리되고 등은 그대로 완만하게 굽고 중앙은 가늘어진다. 마우이가 시를 통해 노래하듯 아랫면은 물 위에서 구부러지고 등은 아래로 미끄러져 하바이키Havaiki(하와이)섬이 된다.[3]

마오리 버전 신화에서는 마우이가 갈고리에 코피를 미끼로 단다. 바다에 낚싯줄을 던지자 즉시 거대 물고기가 끌려온다. 욕심 많은 형들이 닥치는 대로 물고기를 토막 내며 자기 몫의 큰 덩어리를 자르자 물고기가 섬으로 변하며 현재의 모습이 된다. 산과 계곡, 깊은 호수와 높은 절벽으로 가득한 울퉁불퉁한 이 땅이 뉴질랜드의 북섬이다. 지도를 유심히 보면 여전히 굽은 물고기의 윤곽이 보인다고 한다. 꼬리가 북쪽, 머리가 남쪽에 있고 양 지느러미는 바깥으로 뻗어 있다.

통가와 사모아에서는 앞의 창조이야기에서 본 탕가로아가 '탕갈로아Tangaloa'가 되어 낚시를 한다. 그는 거대한 돌을 수면으로 끌어올려 조류신인 아들 툴리Tuli가 살아갈 곳으로 준다. 그런데 툴리가 이곳을 차지하려고 가보니 파도와 너울이 지면을 대부분 덮었다. 끝없이 부딪치는 파도에 발이 젖지 않으려면 마른 땅 사이를 폴짝폴짝 뛰어다녀야 했다. 화가 난 툴리가 아버지에게 불평하자 탕갈로아는 거대한 낚싯바늘을 잡고 현재 높이까지 땅을 끌어올려 문제를 해결한다.[4]

16장
도부섬 사람들이 팔롤로 벌레를 먹는 이유

오세아니아

> 만일 마법이 돌아오면 사람들은 다시 카누를 타고 날아다닐 것이다. 젊음을 되찾고 괴물을 무찌르고 옛날처럼 용맹함을 떨칠 수 있을 것이다.[1]
>
> _브로니스와프 말리노프스키,《서태평양의 항해사들》

만일 하늘, 바다, 땅, 산의 윤곽이 고정되지 않은 세상에 산다면 어떨까? 식물과 동물이 땅에서 나와 피부를 벗어버리고 형태를 바꾼다면? 코끼리는 쥐가 되고 바위는 배가 되고 사람은 나무가 됐다가 다시 돌아온다면? 오랜 기간 도부섬을 연구한 한 인류학자에 따르면, 이곳 사람들은 고대에 일어난 온갖 일들이

이제는 일어나지 않으며 고대인에게는 현대인이나 역사상의 조상들이 갖지 못한 능력이 있었다고 믿는다.[2]

도부 사람들은 파푸아뉴기니 남쪽 해안 근처 열대우림으로 뒤덮인 가로 3킬로미터, 세로 5킬로미터의 작은 섬에 산다. 오래전 활동을 멈춘 화산의 잔해인 이 섬은 이들이 이야기하는 과거 세계를 정확하게 보여준다. 도부 원주민들은 가뭄과 홍수가 번갈아 찾아오는 환경과 싸우면서도 비옥한 개인 채소밭을 개간해 부부가 얌을 키우고 타로(전분이 많은 뿌리채소)와 사탕수수를 길렀다. 먼 옛날 창조 시기에 생겨난 일이 우리가 현재 아는 세상을 가져왔다고 이들은 이야기한다.

도부인들은 자연과 문화가 공존한다고 생각한다. 처음 인간들은 "이미 크고 작은 장신구, 밭, 조리기구, 언어 등을 마법 주문 형태로 갖추고 … 이는 최초의 조상들과 함께 땅에서 튀어나왔다".[3] 그들의 언어가 이를 알려준다. 예를 들어 '마누아'는 새를 의미하고 '에마누아'는 새로 변한다는 뜻이다. '구레와'는 바위, '에구레와'는 바위로 변한다는 뜻이고, '니드'는 사람이며 '에마누아 니디'는 새로 변한 사람이다. 창소는 변신이다.

섬은 어떻게 만들어졌을까? 바다는 어디에서 왔을까? 그 안에서 헤엄치는 물고기들은? 왜 상어 같은 일부 물고기들은 사람을 잡아먹을까? 왜 바닷물은 맛이 쓸까? 바다 위로 높이 솟은 솔로마나키Solomanaki 산꼭대기의 화산호에 어떻게 물고기들이 살게 됐을까? 도부의 창조이야기는 주변 환경에 관한 이런 심각한 질문을 우리에게는 말이 안 돼 보이는 방식으로 다룬다. 그리고 믿기 어렵겠지만 이들은 매년 물에서 벌레를 찾아다니면서 이 이야기를 지금 이곳으로 가져온다.

도부의 시간은 겨우 네 세대 전 인간이 새로 변했을 때 시작됐다. 이렇게 새가 나타났다. 새의 알이 부화하자 여기에서 인간들이 처음 나타났다. 인간들은 나무로 변했는데 일부는 바람이 되어 최초로 입으로 숨을 내뱉었다. 망고나무 상처에서 바다가 나왔고 그곳에 살던 바다 괴물이 땅 사이의 해협을 깎았다. 인간은 얌으로도 변했다. 오늘날 밭농사를 짓는 사람만이 그들의 비밀을 알고 어부만이 어떻게 바다 괴물이 해협을 깎았는지 안다. 농사꾼들은 심지어 얌으로 변해서 얌 아이들을 낳은 첫 인간들의 이름까지 안다고 이야기한다. 그들은 이 정보를 가지고 있다가 얌 농사를 위한 연례 의식에서 주문을 읊을 때 요긴하게 쓴다. 마찬가지로 카누와 어망을 만드는 자들은 첫 카누와 어망이 정확히 어떻게 변했는지 잘 알고 있다.

창조 시기, 바위로 변한 사람 누아케케파키Nuakekepaki가 물속에 살았다. 그는 드넓은 바다를 누비며 카누가 보이는 족족 뒤집었다. 카누 안의 귀중품으로 장모와 장모의 가족에게 '크웨시 kwesi'(신부값)를 치러야 했기 때문이다. 이제는 그런 의무가 없지만 요즘에도 그는 카누를 뒤집는다.

아나부유에타Anabuyueta라는 첫 세대 여인은 팔이 여러 개 달린 아들을 낳았다. 여인이 아이를 민물에 내려놓자 아이가 몸을 웅크리며 거의 죽을 뻔했다. 그녀는 아이를 다시 쓴 바닷물에 넣었다. 그러자 아이가 살아났고 아이는 헤엄쳐서 해저의 바위 동굴을 집으로 삼았다. 어느 날 여인이 씨앗으로 쓸 얌을 들고 아들을 찾아갔다. 그녀는 얌을 자라게 하려고 마법을 걸었다. 우리가 오늘날 바다에서 식물을 키우려고 하면 죽을 것이다. 하지만 아나부유에타가 바다에서 키운 얌 씨는 초록 앵무새 토템 씨족이 현재 사용하는 씨앗이다. 실제로 이는 무루아스Muruas 문어족의 밭에서 내려오는 비범한 씨앗이다.

황새치 형제 토브왈리톤Tobwaliton과 토베베소Tobebeso 이야기는 바다의 기원과 함께 이 두 초자연적 괴물이 여름 계절풍을 따라 비를 뿌리는 세력과 끝없이 싸운 이야기를 들려준다. 옛날 사와투파Sawatupa 근처에 커다란 망고나무가 자라고 있었고 그 아래에서 한 남자와 부인과 개가 잠을 잤다. 날이 밝자 남자는 식량을 찾으러 개와 떠날 준비를 하고 부인은 요리하고 얌밭을 돌보기 위해 천막에 남았다. 남자가 막 떠나려는데 나무껍질 속에서 뭔가가 꿈틀거렸다. 남자는 그것이 물고기 같아서 부인에게 구워보라고 줬다. 하지만 부인이 물고기를 잡기도 전에 개가 먼저 한입 베어 물고 덤불로 휙 들어갔다. 남자는 물고기에 독이 있을까 봐 걱정했지만 날이 저물자 개가 아무 탈 없이 집으로 돌아왔다. 남은 물고기를 먹은 부인도 마찬가지였다. "좋은 음식을 나에게 줬군요. 내일 일찍 가서 망고나무를 자르세요."[4]

다음 날 아침 일찍 부부는 도끼를 들고 나무를 베러 갔다. 그러나 온종일 도끼질을 해도 나무껍질조차 뚫을 수 없었다. 해가 저물고 기진맥진한 부부는 집으로 돌아갔다. 다음날도 나무를 베려고 갔는데 놀랍게도 도끼로 찍은 상처가 회복돼서 나무껍질이 완전히 아물어 있었다. 셋째 날과 넷째 날에도 가 봤지만 결과는 똑같았다. 드디어 다섯째 날 부부는 망고나무에서 줄기 하나를 잘라냈다. 일부가 없어졌기 때문에 나무는 밤새 완전히 아물 수 없었다. 두 사람은 자른 나무를 태워 오두막을 덥혔다.

부부는 매일 나무를 베어 줄기를 가져왔고 결국 커다란 망고나무를 쓰러트렸다. 그러나 뿌리에서 물이 확 솟구쳤다. 물이 계속 콸콸 쏟아져 나무가 물에 잠기고 그 위로 바다가 생겨났다. 남자와 부인과 다른 사람들은 이제 서 있을 곳이 없었다.

이때 토브왈리톤과 토베베소가 나타났다. 이들은 긴 칼같은 코와 짧은 이빨을 가지고 있었다. 둘은 재빨리 바다 위를 지나 바다를 잠잠하게 했다. 그리고 해저에서 흙을 잘라내 마달라부나, 네다오나라, 테와라, 사나로아, 세가타, 레소피섬을 만들었다. 마지막으로 산이 있는 솔로마나키섬으로 왔다. 황새치 형제는 처음에는 이곳을 뚫고 지나가려 했지만 그렇게 하지 않고 둘 다 섬 위에 누웠다. 거기서 꿈틀거리며 산 정상에 호수를 파고 그 안에 물고기를 채웠다. 하지만 일부 물고기는 바다를 떠나 마른 땅에 살고 싶어 했다. 게다가 사람들을 먹고 싶어 했다. 하지만 사람들이 이들의 접근을 거부했다. 이 물고기들은 사람들에게 벌을 내리기 위해 바다를 마실 수 없는 쓴 물로 만들었다. 끝으로 토브왈리톤과 토베베소의 누이가 조개를 들고 마법을 걸어 물이 섬 꼭대기까지 올라오지 못하고 멈추게 했다.

이 모든 일을 초래한 망고나무가 아직도 광활한 바다 밑에 살고 뿌리에서 물이 계속 솟아난다고 한다. 어떤 사람들은 사와투파 근처에서 뿌리를 볼 수 있다고 하는데 카누를 타고 그곳에 가볼 엄두는 내지 못한다. 나무가 더 벌어져 우리 도부인들이 소중한 얌을 심는 얼마 안 되는 평평한 땅이 물에 잠길까 봐 두려워하기 때문이다.

계절풍 시기가 남동풍(겨울)에서 북서풍(여름)으로 바뀔 때 조상들의 혼령이 가장 활발하고 이때 얌 농사도 시작된다. "이때가 팔롤로palolo 벌레가 남동 계절풍을 다스리는 시기입니다. 우리는 이 벌레를 암초에서 잡아 익혀 먹습니다. 다음날이 되면 죽은 듯 조용하다가 북서 계절풍이 불어옵니다."[5]

어부가 벌레를 목격한 것을 축하하며 저녁에 낭송하는 노래에는 소식을 전하는 이의 흥분이 잘 나타난다. '흔들린다'는 표현은 이 지역에 흔한 지진을 의미하는 것으로 보인다.

다마시 부디부디	깊은 바다의 팔롤로여
카사 부투 요요이	우리가 달리니 마을이 흔들리네
부투 요요이나이아	우리가 저쪽으로 달리니 같이 흔들리네
다 게바 도로에베	저 바다를 보라
나부디부디에가	저 바다 깊은 곳에서
마이나 라우라우울루	노란 일몰이 반짝이고
카사 부투 요요이	우리가 달리니 마을이 흔들리네[6]

17장
부부의 힘겨운 육아로부터 탄생한 일본 열도
― 동아시아 ―

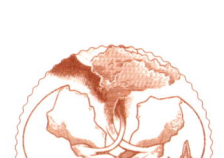

달걀을 깨서 내용물을 접시에 조심스럽게 담아보자. 완벽한 구형의 진하고 샛노란 노른자가 넓게 퍼진 맑은 반투명 덩어리인 흰자 위에 떠 있는 모습을 보자. 이제 달걀 하나를 더 깨서 분리해 보자. 우선 좀 더 큰 껍데기 반쪽에 내용물을 담았다가 두 껍데기의 가장자리를 서로 붙여서 노른자는 그대로 둔 채 점액질의 흰자를 작은 껍데기로 최대한 옮긴다. 껍데기의 날카로운 네 두리로 노른자를 깨트리지 않게 조심하자. 성공한다면 신토의 신들이 일본 열도에 여덟 개의 큰 섬을 탄생시켰을 때 성취한 것과 비슷한 뭔가를 얻게 된다. 스크램블 에그 버전의 중국 반고 신화처럼 일본 열도도 밝은 물질과 어두운 물질로 분리된 덩어리에서 시작됐다. 밀도가 높은 부분이 중앙에 반구형으로 모이고 각 반구와 중심부는 주변을 둘러싼 넓은 바다 위로 솟아오른다.

일본은 물과 산이 많은 곳으로 수천 개의 섬에 격렬한 지진을 일으키는 단층대와 활화산이 산재해 있다. 나라의 탄생 또는 형성을 뜻하는 쿠니우미国産み 전, 일본 신화에서 말하는 태고의 물컹한 곤죽이 조용히 놓여 있던 때와는 전혀 다르다. 이 장에서 들려줄 이야기는 윌리엄 조지 애스턴William George Aston이 번역한 《일본서기Nihongi, 日本書紀》를 참고했다.1

우리의 이야기는 마지막 한 쌍의 신 이자나기伊弉諾神 남신과 이자나미伊弉冉 여신이 상호 합의에 따라 합일에 이르는 창조적 과정에서 시작한다. 폴리네시아 신화처럼 남성의 근원과 여성의 근원이 결합해 부모가 된 둘은 많은 아이를 낳는다. 이들의 자녀는 일본 풍경에 익숙한 사람이라면 누구나 알아볼 수 있는 자연의 힘과 특정 섬, 강, 산, 나무, 또 태양 여신과 달 남신 등이다. 출산과 양육을 해보겠다는 뜻으로 서로 고개를 끄덕인 다복한 한 쌍은 불만족스러운 섬 아와지도 창조한다. 이곳은 불안한 장소였다. 세토 내해로 연결되는 좁은 해협에 놓인 아와지섬 주변은 강한 조류가 일으키는 소용돌이로 물살이 빠르고 해수면이 1.5미터까지 오르내린다. 아와지섬 밑으로 활동성이 매우 높은 노지마 단층대가 지나간다. 노지마 단층대는 1995년 고베 지진을 일으켜 6천 명 이상의 사망자를 낳았다.

이자나기와 이자나미는 불의 신도 낳았는데 이 아이는 태어나면서 출산하는 어머니를 태워 죽인다. 책임감을 느꼈는지 남신 이자나기는 이자나미를 따라 요미(죽은 자) 땅으로 따라간다. 이곳에서 그는 마지막 숨을 들이마시려는 이자나미의 썩어가는 몸을 보게 된다. 수치심을 느낀 여신은 그를 쫓아가지만 지하세계의 음식을 먹은 탓에 두 세계를 분리하는 좁은 해협의 아와지 문을 더는 통과할 수 없다. 이자나기는 음울한 아와지로 자신을 추방시키듯 도망치면서 "뱉어내듯" 또 "뿜어내듯" 몇 가지를 더 창조한다. 이것들은 침식작용이 일어난 산맥을 따라 열도에 흩어진 열여덟 개의 주요 화산일 것으로 추측된다.

태초에 우주는 고요하고 형태가 없었다. 처음에는 달걀 흰자같이 더 깨끗하고 맑은 쪽이 밖으로 끌려 나왔고 더 무겁고 형태가 있는 쪽이 중앙을 향해 밀집했다. 더 고운 입자는 가볍고 모이기 쉬웠으므로 꼭대기까지 올라가서 하늘을 먼저 만들었다. 그 아래에는 다카마가하라 高天原(하늘의 고원)와 하늘의 첫 구름이 나타났다. 마지막으로 남은 덩어리는 아래로 가라앉아 땅이 되었다. 땅이 되는 흙은 처음에는 물고기가 수면에서 놀듯 둥둥 떠다니고 있었다.

하늘과 땅이 분리된 후 갈대 순이 물에서 자라나 바로 세 명의 남신, 구니토코타치노미코토, 구니노사츠치노미코토, 도요쿠무누노미코토로 바뀌었다. 다음 세대에는 우히지니노미코토(진흙땅), 수히지니노미코토(모래땅) 등 더 많은 신들이 나타났다. 마지막으로 이자나기노미코토(초대하는 남성)와 이자나미노미코토(초대하는 여성)가 태어났다. 이들은 천상과 지상의 원칙에 따른 상호 행위에 따라 성별을 부여받았다.

어느 날 이자나기와 이자나미가 천상의 부교 위에 서서 한 곳을 바라보다가 궁금해했다. 저 아래에 나라를 세울 수 있을까? 둘은 함께 천상의 보석 창을 들고 아래를 여기저기 찔렀다. 창끝이 바다에 닿는 것이 느껴졌다. 창을 집어넣었다가 빼니 거기서 떨어진 소금물과 토사가 응고해 섬이 됐다. 둘은 이 섬의 이름을 '오노고로지마淤能碁呂嶋'(저절로 굳은 섬)라고 지었다. 내려와 보니 흡족했던 둘은 이 작은 섬에서 살기로 했다. 결혼도 하기로 했다. 이자나미가 말했다. "내 몸에는 여성의 원천인 곳이 있습니다." 이자나기가 대답했다. "내 몸에는 남성의 원천인 곳이 있습니다." 그가 말을 이었다. "내 몸의 이 원천지를 당신의 원천지와 합치고 싶습니다."[2] 그녀가 동의했고 이 제안을 통해 둘은 최초로 부부 결합을 맺은 존재가 됐다.

다음 단계는 섬 아이들을 낳는 일이다. 그들은 섬 중앙에 큰 기둥 오노고로지마를 짓는 일부터 시작했다. 첫 아이를 낳을 때

천상의 다리에서 아래를 내려다 보며 창조를 구상하는 이자나기와 이자나미 부부.

가 되자 아와지섬이 태반 노릇을 했지만, 부부는 이 섬을 그다지 좋아하지 않았다. 그래서 이곳을 아와지노시마(불만족스러운 섬)라고 불렀다. 다음으로 그들은 오야마토노도요아키쓰시마(풍년의 섬)를 낳았다. 그다음 이요노후타나와 쓰쿠시를 낳고 다음으로 쌍둥이 섬 오키와 사도를 낳았다. 그 뒤로 코시, 오시마, 기비노코까지 전부 여덟 섬이 태어났다. 그리고 쓰시마와 이키라는 두 섬과 작은 섬들이 굳은 소금물 거품에서 힘겹게 만들어졌다. 이들은 새롭게 창조한 땅을 오야시마大八洲, 즉 '위대한 여덟 섬 나라'라고 불렀다.

이 일을 마친 이자나미와 이자나기는 바다를 낳고 다음엔 강과 나무, 나무의 조상 구쿠노치, 약초의 조상 가야노히메를 낳았다. 부부는 섬들을 다스리기 위해 생명체를 낳기로 하고 태양 여신, 오히루메노무치大日孁貴를 만들었다. 어린 태양 여신은 반짝반짝 윤기가 흘렀고 풍경 속을 걸어가면서 섬 세계의 여섯 구역, 동서남북과 상하를 모두 아름답게 밝혔다. 위대한 업적을 이룰 운명을 타고난 아이라는 걸 안 부모는 금세 그녀를 가장 아끼게 됐다. "많은 아이를 낳았지만 이렇게 경이로운 아이는 없었어요. 이 아이를 여기 오래 두면 안 되겠어요. 당장 하늘로 올려 보내서 천상의 일을 맡겨야 되겠습니다."3 하늘과 땅이 그렇게 멀리 떨어져 있지 않았기 때문에 이들은 내려올 때 만들어둔 사다리로 아이를 올려 보냈다.

다음으로 이자나미와 이자나기는 달의 신을 낳았다. 아이는 누나만큼 훌륭하지는 않았다. 그래도 부모는 아이에게 누나의 책임을 나눠 갖게 하고 하늘로 올려 보냈다. 하지만 이때부터 이자나미와 이자나기가 부모로서 누리던 운이 틀어지기 시작했다. 불운은 거머리 아이를 낳으면서 시작됐다. 아이는 세 살이 되어도 일어서지 못했다. 그래서 부모는 바위와 장뇌와 나무로 만든 천상의 배에 아이를 눕히고 바람에게 버렸다. 다음으로 스사노오노미코토須佐之男命라는 사나운 아이가 태어났다. 그는 성질이 험악하고 늘 울고 떼를 쓰며 잔인한 짓을 일삼았다. 그의 눈물 때문에 위대한 여덟 섬나라의 푸른 산이 그렇게 끔찍하게 침식됐다. 결국 스사를 진정시키려는 모든 노력이 허사가 되자 부모는 그에게 직접 맞섰다. 스사는 그의 사악함 때문에 이 세계의 어떤 부분도 다스릴 수 없었다. 그래서 부모는 스사를 지옥으로 쫓아냈다. 다음에는 심지어 더 악마 같은 불의 신, 카구츠치軻遇突智가 나타났다. 그는 어머니 이자나미에게 불을 질렀다. 하지만 그 전에 어머니는 대지의 여신 하니야마히메와 물의 여신 미즈하노메를 낳았다. 불의 신은 대지의 여신을 부인으로 삼았다. 그늘은 와쿠무스히(어린 생물의 성장)를 낳았는데 그녀의 머리에 쓴 왕관에서 누에와 뽕나무가 자랐고 배꼽에서는 오곡이 났다.

큰 충격을 받은 이자나기는 다친 이자나미를 찾아 죽은 자들의 세계, 요미 땅으로 갔다. 이자나미는 남편에게 끔찍한 자신의 모습을 보지 말라고 애원했지만 이자나기는 사랑하는 사람이 떠나기 전에 마지막으로 보고 싶은 마음을 억누를 수 없었다. 그래서 부인을 보기 위해 횃불을 밝혔다. 그러나 부인의 몸에서 고름이 쏟아져나오는 걸 보고 겁에 질렸고 둘이 함께 창조한 땅이 흉측하게 오염된 것을 보고 도망쳤다. 이자나미는 이미 요미 음식을 먹어서 산 자들의 세계로 다시 들어갈 수 없었으므로 여성 부대를 보내 부인을 버린 남편을 쫓아가 더럽히라고 했다.

이자나기는 돌아가는 길에 바다의 조류가 매우 강한 하야스후나(빠른 정도의 이름)의 좁은 문 사이를 내달렸다. 이자나기가 바닷물에 몸을 씻은 후 이하츠츠노미코토(원로의 바위), 오나오비노카미(인간의 위대한 무늬), 소코츠츠노미코토(바닥 원로)가 뿜어져 나왔다. 다음 조류에 오아야츠비노카미(위대한 치료사)가 나타났고 다음에는 아카츠츠노미코토(붉은 원로), 이어서 다음 조류를 따라 천하와 바다와 들판의 여러 신들이 나타났다. 의도치 않게 부정적인 행동과 창조 활동을 너무 많이 해서 지치기도 하고 실망도 한 이자나기는 첫 아이였던 불만족의 섬 아와지로 돌아갔다. 이곳에서 그는 침울한 집을 짓고 영원한 침묵 속에 숨어 살았다.

18장
동물들의 도움으로 만들어진 호데노쇼니족의 섬

북아메리카

이로쿼이족Iroquois으로 잘 알려진 호데노쇼니족, 일명 '롱하우스'(좁고 긴 모양의 집으로 내부에 칸막이를 설치하여 여러 가족이 단위별로 생활하는 주거 형태 – 옮긴이) 사람들은 미국 북동부 오대호의 남쪽과 동쪽에 산다.[1] 유럽 침략자들이 나타나기 전 이들은 카유가, 오논다가, 모호크, 세네카, 오나이다, 그리고 나중에 합류한 투스카로라 부족이 모여 연맹을 이루고 있었다. 미국 동부 원주민들은 초기 식민시기부터 기독교의 영향을 받았기 때문에 이들의 창조이야기에는 신·구약성서의 요소가 깊이 들어가 있다. 그러나 물이 풍부한 환경, 강력한 서풍, 특히 겨울 서풍이 '호수효과'(따뜻한 수면 위로 찬 공기가 지나가면서 눈구름이 생기는 현상 – 옮간이)를 일으켜 눈이 쌓이는 현상 등 지역 고유의 자연 요소는 이곳에 친숙한 사람이라면 누구나 알 수 있다.

나는 섬과 관련한 여러 창조이야기 중 '지구 잠수부' 신화를 여기 소개하기로 했다. 호데노쇼니족은 세계가 섬에서 자라났다고 생각했다. 지도를 보고 물에 둘러싸인 이들의 거주지를 확인해보면 그리 놀랄 일도 아니다. 북쪽과 서쪽에는 오대호가 있고 북동쪽에는 세인트로렌스 수로가 북대서양으로 흐르고 남쪽에는 빙하작용으로 형성된 핑거 레이크스가 있다.[2]

아주 오랜 옛날에는 땅이 없고 오직 물과 그 안에서 헤엄치는 거북, 물고기, 수달, 사향쥐 같은 생명체만 있었다. 구름 위 공기 세계로 물새들이 날아올랐다. 제일 높은 곳에는 하늘 세계(카론히아케Karonhia:ke)가 있었다. 이곳에는 우리랑 비슷하게 생겼으면서 생각만으로도 사건을 일으킬 만큼 비범한 능력을 가진 인간들이 살았다. 하늘 사람들은 절대 죽지도 않고 새로 태어나는 이도 없이 행복하게 살았다.

그러다 하늘 세계 족장의 부인, 하늘 여인이 임신하게 됐다. 그녀는 생명나무의 뿌리로 만든 차를 마시고 싶어 했다. 이 나무는 하늘 세계의 중심에서 자라는 거대한 나무로 여러 종류의 과 일이 자라고 꽃이 하늘 풍경을 밝혔다. 족장이 뿌리를 파내자 흙이 무너졌고 하늘 세계에 큰 구멍이 뚫렸다. 하늘 여인이 호기심에 구멍에 기대서 밖을 엿보다가 균형을 잃고 구멍으로 떨어졌다(여인이 꿈을 꾼 후 운명을 알고 뛰어내렸다는 이야기도 있다). 여인은 내려오면서 쓰러진 나무의 가지를 손을 뻗어 붙잡고 거기서 씨앗을 한 줌 뜯었다. 그리고 물 세계로 곤두박질쳤다.

　새 한 떼가 마침 공기 세계를 날고 있었다. 어떤 이들은 이 새가 거위라고도 하고 다른 이들은 백조라고 하고 또 어떤 이들은 왜가리라고도 한다. 새들은 날개로 큰 담요를 만들어 하늘 여인을 잡는 데 성공했고 안전하게 여인을 데리고 내려왔다. 하지만 어디로 가야 할까? 하늘 여인은 수영을 못해서 물 세계에서는 살 수 없었다. 그때 어디선가 커다란 거북이 나타나서 자신의 등에 짐을 올리라고 했다. 그래서 새들은 하늘 여인을 거북 등에 살며시 내려놓았고 여인은 동물들에게 감사를 표했다. 하지만 거북의 등이 너무 좁아 움직일 수 없으니 걱정이었다. 여인은 살 수 있는 단단한 땅이 필요했다.

　물에 사는 동물들이 도와주고 싶은 마음에 물속 깊이 들어가 흙을 퍼오려고 했지만 두꺼비, 개구리, 수달이 모두 실패했다. 마침내 진흙으로 덮인 모래 몇 알을 들고 온 것은 작은 사향쥐였다고 한다. 하늘 여인은 흙을 거북 등에 놓고 노래하며 시계 반대 방향으로 춤췄다. 북쪽 하늘을 볼 때 별들이 움직이는 방향이다.

새들의 도움을 받아 내려오는 호데노쇼니족의 하늘 여인.

그러자 거북의 등껍질이 자라고 흙 알갱이도 쑥쑥 늘어났다. 땅이 점점 커져서 북아메리카 대륙 전체가 됐다. 오늘날 우리는 이 나라를 '거북섬'이라 부른다. 하늘 여인은 손에 꼭 쥐고 있던 씨앗을 땅 위에 뿌렸다. 씨앗은 바로 풀, 나무, 덤불이 됐고 우리가 보는 세상을 뒤덮은 모든 식물이 됐다.

시간이 되어 하늘 여인은 딸, 테카웨라크와Tekawerahkwa를 낳았다. 그녀는 아래위 세상에 대한 어머니의 소중한 지식과 통찰을 배우며 자랐다. 어머니는 서쪽은 위험하니 가지 말라고 했다. 하지만 어린 딸은 호기심이 일어 어머니의 충고에 귀를 기울이지 않았다. 그녀는 그곳에서 남성의 윤곽을 품은 강풍과 먹구름을 만났다. 이 남성은 큰 호수에 겨울 폭풍을 몰고 오는 강력한 바람이다. 테카웨라크와는 기절했다. 일어나 보니 자신을 사랑하게 된 서풍 영혼의 신부가 돼 있었다.

둘의 결합으로 테카웨라크와는 쌍둥이 아들을 낳았다. 친절하고 온화한 테하롱히야고Tcharonghyawago(어린나무)와 냉정한 골칫거리인 타위스키론Tawiskaron(부싯돌)이었다. 슬프게도 테카웨라크와는 부싯돌이 먼저 태어나겠다고 엄마의 겨드랑이를 뚫고 나오는 바람에 출산 도중 죽고 말았다. 하지만 선한 만물을 창조한 어린나무가 어머니의 머리를 하늘에 올려놓았고 그녀는 하늘의 달이 되었다. 그래서 물(조석)과 밤의 시간을 지키는 일을 영원히 다스리게 됐다. 남은 테카웨라크와 시신에서는 옥수수,

콩, 호박 세 자매가 자라 우리가 생명을 유지하게 해줬다. 또 심장에서는 신성한 담배가 자라서 창조자와 소통하는 데 쓰였고 발은 산딸기로 자라 명약이 됐다.

　아버지와 할머니의 보살핌 속에 쌍둥이는 무럭무럭 자랐다. 그들은 오늘날 우리를 둘러싼 모든 것 중 아직 창조되지 않은 나머지를 만드는 임무를 받았다. 어린나무는 강이나 산 등 대지의 온갖 아름다움을 창조했다. 새들에게 노래를 가르치고 물속 생물들에게 춤을 가르쳤다. 무지개와 부드러운 비도 만들었다. 부싯돌도 나름대로 창조 활동을 벌였다. 하지만 모두 질이 좋지 않았다. 어린나무가 만든 강에 위험한 속도를 더하고 바람과 물로 허리케인을 만들었다. 어린나무가 창조한 약초 옆에 독 딸기와 독 뿌리를 심었다. 어린나무는 사람들이 쉽게 먹을 수 있는 유용한 동식물을 만들었지만, 부싯돌은 딸기 덤불에 가시를 더하고 물고기에도 가시를 넣었다. 어린나무는 비둘기, 흉내지빠귀, 자고새를 만들었고 부싯돌은 늑대, 곰, 뱀에 거대 모기까지 만들었다. 형제는 또한 좋은 인간과 나쁜 인간을 만들었다. 어린나무가 만든 좋은 인간은 영양을 위해 필요한 것을 취하고 나머지는 그대로 두는 법을 배웠지만, 부싯돌이 만든 나쁜 인간은 의무를 무시하고 낭비했다.[3]

　그래도 거북섬은 어느 정도 균형을 유지했다. 그러다 어느 날 부싯돌이 동물을 모두 훔치기로 했다. 그는 소심한 사자와 위풍당당한 엘크까지 모두 잡아서 큰 우리에 가뒀다. 어린나무는 부싯돌을 따라가서 그가 한눈팔 때 우리 문을 부수고 몰래 들어가 동물들을 모두 풀어줬다. 부싯돌은 복수할 기회를 노리다가 어린나무를 만나 직접 물어봤다. "형제, 이 땅에서 너를 죽일 만한 게 뭐라고 생각해?" 어린나무가 대답했다. "위대한 호수의 물결에서 이는 거품뿐이지." 이번에는 어린나무가 못된 형제에게 같은 질문을 했다. "너의 목숨을 빼앗을 건 뭐라고 생각해?" "부싯돌이나 뿔밖에 없어." 부싯돌이 바로 대답했다.4 이 대화로 세상을 바꿀 만남의 장이 마련됐다.

못된 형제를 없앨 가장 효과적인 계획을 찾던 어린나무는 매년 가을이 되면 뿔을 떨구는 어린 수사슴과 친해졌다. 그는 사슴이 뿔을 버릴 때마다 점점 더 큰 뿔이 새로 난다는 걸 알게 됐다. 드디어 7년이 지나 당당한 수컷이 된 사슴이 착한 형제의 승리를 위해 거대한 뿔을 내밀었다. 마침내 형제가 대치하게 됐다. 부싯돌이 어린나무에게 위대한 호수의 거품을 던졌지만 아무 소용이 없었다. 이번에는 어린나무가 거대한 뿔을 손에 들고 공격에 나섰다. 그리고 오랜 싸움 끝에 승리했다. 우리 평범한 인간과 달리 형제는 죽을 수 없었으므로 부싯돌은 사지를 축 늘어뜨리는 수모를 겪었다. 하지만 그 전에 다음과 같은 마지막 말을 내뱉었다. "나는 서쪽 먼 곳에 있다. 인간 종족은 모두 죽어서 날 따를 것이다."5

19장
체로키족 사람들은 왜 아이를 적게 낳았나

북아메리카

이 이야기는 노스캐롤라이나주 서부 애팔래치아 산맥에서 유래했다. 이곳은 1838년 정부의 강압으로 고향 땅을 떠나 멀리 오클라호마주로 이동하기 전까지 체로키족이 거주하던 미국 영토의 일부였다. 노스캐롤라이나주와 사우스캐롤라이나주 대부분, 조지아주, 앨라배마주, 테네시주 또한 이 영토에 속했다. 1540년 최초의 유럽인 데 소토De Soto를 만나기 전까지 체로키족은 옥수수, 콩, 다양한 호박, 해바라기 등 많은 곡식을 키우며 뛰어난 농경 사회를 발전시켰다. 이야기는 산이 만들어지는 과정이 주된 내용이지만 고향을 섬으로 보는 호데노쇼니족의 생각도 들어 있어서 여기에 배치했다. 호데노쇼니족과 체로키족은 공통 어군에 속하기 때문에 기원 신화에 비슷한 면이 많은 것이 놀랍지 않다. 아마조니아의 '대지의 소금' 이야기가 안데스 고원에서 내려왔듯이 이 이야기도 바뀐 환경에서 신화가 변화하는 예를 보여준다. 현대인들이 걱정하는 다음과 같은 사회 문제도 등장한다. 미래 세계는 그들의 조상들처럼 무분별한 번식으로 고통받을 것인가?[1]

태초에는 모두 물이었다. 동물들은 단단한 바위로 만들어진 하늘 지붕 위 갈룬라티Galun'lati라는 땅에 살았다. '신의 선물'이라는 의미의 갈룬라티는 뿔 달린 뱀, 욱테나Uktena 같은 신화 속 생물의 거주지며 자연에서 가장 기이한 생물들의 집이다. 이곳의 산은 더 크고 숲은 더 깊고 폭풍은 더 사납다. 또한 매우 혼잡한 곳이어서 동물들은 더 넓은 장소가 필요했다. 이들은 물을 내려다보면서 이래엔 무엇이 있을지 궁금해했다.

어느 날 물 위에서 걸을 수 있다고 다유니시Dayuni'si라는 이름을 얻은 물방개가 내려가서 상황을 살펴보겠다고 자원했다. 물방개는 내려가서 이곳저곳 돌아다녔지만 쉴 만한 단단한 땅을 찾을 수 없었다. 그래서 물속 깊이 들어가 부드러운 진흙을 가지고 왔다. 이 진흙이 자라기 시작하더니 사방으로 퍼져 섬이 됐다. 이 섬이 점점 커져 우리가 지구라고 부르는 곳이 됐다. 물에 떠다니던 섬은 네 귀퉁이가 하늘 지붕과 끈으로 묶여 고정됐다.

우리의 체로키족 땅은 처음에는 평평하고 질퍽했다. 내려오고 싶어 안달이 난 새들이 그 위에 앉으려고 했지만 땅에 힘이 없어서 다시 복잡한 갈룬라티로 돌아와야 했다. 그들은 아래로 날갯짓하는 위대한 대머리수리를 보냈다. 대머리수리의 날개가 무른 땅을 때리자 그 자국이 계곡이 됐다. 날개를 들어 올리자 진흙이 솟구쳐 산이 됐다. 대머리수리가 산을 만드는 데 너무 열중한 나머지 동물들이 그를 불러야 했다. 오늘날 체로키 나라에 그렇게 산이 많은 이유다.

땅이 좀 더 마르자 동물들이 하나둘 하늘에서 내려오기 시작했다. 동물들은 땅이 너무 어두워서 태양을 붙잡아 궤도에 올려놓고 매일 동서로 돌게 했다. 하지만 너무 더워져서 한 뼘 정도 해를 높이 올렸다. 그래도 너무 더워서 한 뼘 더 올리고 또 한 뼘 올려서 일곱 뼘 올라가게 됐다. 해는 매일 일곱 뼘 높이의 궤도 아래를 따라 돌고 밤에는 궤도 위를 따라 서쪽에서 동쪽으로 되돌아간다.

아래에는 우리 세계와 똑같으면서 계절만 다른 세계가 있다. 산에서 내려오는 개울이 이 지하세계로 가는 길이며 강의 발원지는 우리가 그곳으로 들어갈 수 있는 출입구다. 그곳에 가려면 금식해야 하고 지하세계의 안내를 받아야 한다. 우리는 샘물이 겨울에는 외부 공기보다 더 따뜻하고 여름에는 더 시원하기 때문에 지하세계의 계절이 반대라는 걸 안다.

동물과 식물은 처음 만들어졌을 때 일곱 밤을 자지 않고 지키라는 말을 들었다. 대부분 첫째 밤은 잘 넘겼지만 두 번째 밤에는 몇이 포기했고 세 번째와 네 번째 밤에는 더 많은 수가 떨어져 나갔다. 일곱째 밤이 되자 올빼미와 퓨마와 다른 동물 한두 마리 정도만 깨어 있었다. 이들은 어두워도 볼 수 있는 능력을 받아 밤에 자는 동물을 잡아먹을 수 있게 됐다. 나무 중에는 삼나무, 가문비나무, 호랑가시나무, 월계수만 끝까지 깨어 있었다. 그래서 이 나무들은 언제나 푸른 빛을 띠며 좋은 약재가 될 수 있었다. 다른 나무들은 겨울마다 머리털을 잃게 됐다.

마지막으로 사람들이 나타났다. 처음에는 남매만 있다가 남자가 물고기로 누이를 때렸다. 칠 일이 지나자 누이가 아이를 낳았고 칠 일 후 또 한 명을 낳고 또 칠 일 후에도…. 사람들의 수가 너무 빠르게 늘어나자 갈룬라티처럼 대지가 사람들을 감당할 수 없는 지경에 이르렀다. 그래서 여자들이 일 년에 아이를 하나만 낳기로 했다.[2]

언젠가 대지가 늙고 해져 모든 식물과 동물과 사람이 죽으면 세상을 붙들고 있는 끈이 끊어질 것이다. 그럼 대지는 가라앉고 모든 것이 다시 물로 돌아갈 것이다. 우리는 이 일을 두려워한다.

울티마 툴레Ultima Thule는 천문학자들이 태양계에서 가장 먼 천체 중 하나인 카이퍼대 천체 2014MU69에 붙인 별명이다. 적절한 이름이다. 그린란드의 툴레(카나크)는 세계 최북단에 있는 마을 중 하나로 고대에 그곳에 살던 북유럽인(바이킹)과 토착 이누이트Inuit는 우리가 아는 북쪽 세상의 경계 너머에 위험한 세계가 있다고 상상했다. 북유럽 침략자들은 핌불베트르Fimbulwinter, 즉 극심한 기후 변화에 이어 한 번도 겪어보지 못한 겨울이 곧 찾아온다고 이야기했다. 그다음에는 세상의 멸망, 라그나뢰크Ragnarök가 뒤따를 것이다. 이 부분이 다소 우울한 북유럽 창조이야기의 절정 부분이고, 도입부에서는 북쪽의 얼음이 남쪽의 불을 만나 식식거리며 녹아내리는 중간 지대에서 호전적인 거인 신 종족이 나타난다.

멀리 북쪽의 알래스카와 캐나다 북부 및 그린란드 토착민의 많은 창조이야기 중 하나인 이누이트 창조이야기에는 계절에 따라 변하는 풍경처럼 자체 변신이 가능한 태고의 존재가 등장한다. 그들의 첫 아이들은 눈 속 구멍에서 나타났다. 바다코끼리와 물개, 또 곰 사냥에 필요한 개도 마찬가지였다. 천상의 신들은 지금도 한가한 시간에 축구를 한다. 우리는 오로라를 통해 이 놀라운 광경을 바라본다.

지구 반대편 남아메리카 남쪽 끝에는 지금은 사라진 하우시 Haush라는 문화가 두 대양의 사나운 충돌을 목격했다. 이들이 전하는 창조이야기에는 지금도 사납게 휘몰아치는 바다와 바람과 식인 괴물 사이의 전투가 등장한다. 이 식인 괴물들은 대륙 끝의 무인도 '저세상'과 본토 사이의 해협을 감히 항해하려는 자를 모조리 죽음에 이르게 한다.

20장
거인의 시체로 만들어진 세상의 기원과 종말
북유럽

한밤중에 태양이 떠 있는 지역에 살면 두 가지 기후를 경험한다. 여름은 푸르고 따뜻하며 양분이 풍부하다. 반면 겨울은 춥고 바람이 많이 불며 하늘이 번개와 천둥으로 찢어지고 주위의 험준한 산들이 눈 이불을 덮는다.[1] 북유럽 창조 신화에는 스칸디나비아와 북게르만 사람들의 삶을 위협하던 자연의 힘이 다양한 거인 신으로 의인화돼 나타난다. 녹아내리는 얼음덩어리에서 등장하는 첫 번째 거인 이미르Ymir는 창조 전에 존재하던 혼란을 나타낸다. 이미르의 이야기는 다음 세대의 영웅신 오딘Odin의 등장으로 끝난다. 오딘은 이미르의 몸을 잘라 문화를 창조한다. 패배한 적의 신체 부위로 세상을 짓는 일화는 바빌로니아, 중국,

만데, 호데노쇼니 신화에서 이미 만나본 주제다. 북유럽 이야기는 자연재해가 일어나고 풍경이 내려앉는 일련의 종말론적 전투를 말하는 라그나뢰크로 끝난다. 그럼에도 세계는 부활을 맞이할 수 있을까?

이곳 사람들은 한때는 북쪽의 얼음 세계 니플헤임Niflheim과 남쪽의 불 세계 무스펠헤임Muspelheim이라는 두 땅이 인접해 있었다고 이야기한다. 두 세계 사이에는 한쪽에서 온 서리와 다른 쪽에서 온 불꽃이 부딪치는 어둡고 사나운 심연, 긴눙가가프Ginnungagap가 있었다. 접경지에서는 물방울이 뜨거운 난로에 떨어질 때처럼 바지직바지직 끓는 소리가 나고 거대한 연기구름이 일어났다. 불과 얼음은 서로를 파괴하겠다는 일념으로 끝없이 전투를 벌였다. 물방울들이 마침내 응집해 마법처럼 신과 같은 거인의 형상이 태어났다. 파괴력을 지녔던 그는 자신을 '소리 지르는 자', 이미르라고 불렀다. 이미르가 잠든 사이에 악한 거인, 바니르Vanir 종족 전체가 그의 겨드랑이와 다리 관절에서 나왔다.

서리가 계속 녹으면서 소가 나타나 이미르에게 젖을 먹였다. 어느 날 소가 소금의 영양분을 얻으려 서리를 핥고 있을 때 얼음 덮인 바위에서 머리 형태가 나타나는 것을 이미르가 알아봤다. 둘째 날이 되자 머리카락을 볼 수 있었고 셋째 날에는 키 크고 강하고 잘생긴 남자가 완전한 모습을 갖추고 녹아내린 덩어리에서 나왔다. 그는 가슴이 따뜻하고 착했다. 이 거인은 자신을 에시르**Aesir** 신족 최초의 조상, 부리**Buri**라고 불렀다. 그의 손자 오딘이 에시르 신족의 가장 위대한 지도자가 된다. 오딘과 그의 형제 두 명은 이미르와 거인 종족의 원수가 될 운명을 타고났다.

몇 년 동안 선악의 불안한 공존이 이어진 후 오딘과 그의 형제들은 이미르와 그의 종족을 완전히 파괴하기로 마음먹었다. 그들은 이미르를 공격했고 격전 끝에 그를 죽였다. 거대한 이미르가 넘어지자 그의 상처에서 흐른 피가 강물이 됐다. 이미르의 땅이 이 피로 뒤덮였고 친족들도 모두 피에 빠져 죽었다. 손자 베르겔미르**Bergelmir**만이 부인과 함께 상자에 숨어 있다가 살아남아 바니르 거인족의 조상이 됐다.

이때는 세상이 우리가 아는 현실 세계 같지 않았다. 살해당한 적의 잔해로 세상을 창조하는 것은 승리자들의 몫이었다. 그래서 오딘과 그의 형제들은 이미르의 시체를 얼음 왕국의 바닥으로 끌고 내려갔다. 그곳에서 대지를 창조하고 그 위에는 바다를, 맨 위에는 하늘을 창조했다. 이미르의 피는 바다, 강, 호수, 샘이 됐다. 긴 뼈는 산이 되고 이빨과 부러진 뼈는 모래와 자갈이 됐다.

이미르의 몸으로 세계를 창조하는 오딘과 그의 형제들.

그들은 낮과 밤도 만들었다. 낮은 온화한 에시르 신족처럼 밝고 환했다. 하지만 밤은 바니르족처럼 어둡고 우울했다. 에시르 신들은 세상을 밝히기 위해 남쪽 불 세계에서 불어오는 불꽃과 잉걸불을 붙잡았다. 그걸로 태양과 달과 별을 창조하고 각자의 주기에 따라 움직이도록 했다. 그들은 태양을 솔Sol이라 부르고 달을 마니Mani라 불렀다. 오딘은 이들에게 마차를 한 대씩 주고 마차를 끌고 하늘을 가로지를 날렵한 말도 한 쌍 줬다. 오딘은 이미르의 둥근 두개골로 하늘에 반구형 천장을 만들었다. 이미르의 뇌는 피어오르는 구름이 되고 머리카락은 나무, 식물, 풀, 꽃이 됐다. 또 피부와 근육은 흙이 됐다. 그들은 이미르의 신체를 조금도 낭비하지 않았다. 에시르 신들은 아름다운 신세계에서 살게 할 인간 종족을 보호하기 위해 이미르의 눈썹까지 동원해 세상을 높은 담으로 둘렀다.

하지만 신들은 우선 자신들의 도시, 아스가르드Asgard를 바다 너머에 지어야 했다. 이곳은 신들이 진짜 사람들을 위해 준비한 푸른 땅, 미드가르드Midgard보다 훨씬 추운 나라에 있었다. 아스가르드는 에시르 신족이 사람들을 내려다볼 수 있고 이미르 일당에게서 살아남은 거인 악당이 나타나면 사람들을 보호할 수 있도록 하늘에 있어야 했다. 두 세계는 알록달록한 다리로 연결되는데 우리는 이를 '무지개'라 한다.

무대를 완성한 오딘과 형제들은 이제 가장 중요한 창조물인 사람을 만들 준비가 됐다. 최초의 인류를 만들기 위해 오딘과 형제들은 이미르의 썩어가는 시신에서 구더기를 꺼내 난쟁이족을 창조했다. 이 첫 번째 사람들은 현명하고 기술도 뛰어났지만 오딘보다는 이미르처럼 행동했다. 난쟁이 네 명은 이미르의 하늘 두개골을 붙드는 역할을 맡아 동서남북 정방향에 배치됐다. 신들은 또 지표면에 살면서 좀 더 에시르 신족을 닮고 키도 큰 사람들을 창조했다. 차갑고 어두운 곳을 좋아하는 난쟁이들은 땅속 깊은 동굴로 이동해 바위에 박힌 귀금속과 광물을 캐며 나날을 보냈다. 그렇게 캔 광물을 대장간으로 가지고 가서 달구고 두드렸다. 난쟁이들은 이렇게 지구의 풍부하고 소중한 자원으로 아름다운 장식품을 만들었다. 불행히도 지하에 사는 난쟁이들과 지상에 사는 사람들은 사이가 나빴다. 난쟁이들은 키 큰 사람들이 금, 은, 보석을 자꾸 탐냈기 때문이라고 말한다.

 신들은 작품이 만족스럽지 않았다. 그들은 사랑하고 보호하는 자신들의 마음이 진심으로 나타나기를 원했다. 그래서 무지개다리를 건너 땅으로 내려왔다. 그들은 바닷가를 거닐다가 물푸레나무와 느릅나무를 하나씩 골랐다. 오딘이 나무에 입김을 불어넣자 나무가 살아 있는 남자와 여자로 변했다. 형제 한 명이 이들의 머리에 손을 대자 이들이 현명해졌다. 다른 형제가 이들의 얼굴에 손을 대자 이들은 말하고 듣고 볼 수 있게 됐다. 물푸레나무는 아스크Ask, 느릅나무는 엠블라Embla라는 이름을 받고 에시르 창조주들의 보호 아래 미드가르드에 살게 된 새 종족의 아버지와 어머니가 됐다.

　북유럽 사람들은 언젠가 세상의 종말이자 인간과 신들의 운명, 라그나뢰크가 찾아올 것이라고 이야기한다. 라그나뢰크는 아무도 본 적 없는 혹독한 겨울로 시작될 것이다.[2] 바람이 쉼 없이 불고 눈이 사방에서 내릴 것이다. 태양과 달과 별들은 하늘에서 사라지고 지구는 암흑 속에 잠길 것이다. 사람들은 굶주리고 모든 선한 감각을 잃어버릴 것이다. 가족끼리도 생존을 위해 싸울 것이다. 에시르 신족의 배신자 로키Loki가 배에 거인 군대를 싣고 물에 잠긴 대지로 찾아와 그 길에 있는 모든 것을 파괴할 것이다. 늑대들이 언덕에서 내려와 약한 인간들을 잡아먹을 것이다.

　다음으로 늪에 사는 괴물 늑대, 펜리르Fenrir가 땅으로 달려 내려오면서 그 길에 있는 모든 것을 잡아먹을 것이다. 펜리르는 아래턱이 땅에 닿고 위턱은 하늘 꼭대기에 닿으므로 아무것도 놓치지 않을 것이다. 바다뱀 요르문간드Jormungand가 땅과 물에 독을 뱉어 그 길에 있는 모든 것을 오염시킬 것이다. 하늘은 갈라지고 그 틈으로 태양보다 더 밝은 불뱀들이 나타날 것이다. 이 뱀들은 무지개다리를 건너며 지나가는 길에 있는 모든 것을 파괴할 것이다. 오딘은 아스가르드에 안전하게 머물던 착한 신들을 부를 수밖에 없을 것이다. 하지만 이들은 이미 라그나뢰크의 결과를 알고 있다. 아무리 용맹하게 싸우더라도 파괴의 힘 앞에서 질 수밖에 없는 운명이 이들을 기다린다. 펜리르는 오딘과 그의 사람들을 집어삼킬 것이다.

 결국 오딘의 아들 비다르Vidar가 죽은 아버지의 원수를 갚을 것이다. 그는 펜리르에게 돌진해 그의 입을 벌리고 이 거대 늑대의 목에 칼을 내리꽂아 그를 죽일 것이다. 천둥과 번개의 신이자 북유럽 신 중 가장 강력한 신이고 거인의 침입에 맞서 에시르 신족을 지킨 토르Thor조차도 최후를 맞이할 것이다. 토르는 망치로 뱀 요르문간드를 죽이긴 하지만 독이 온몸에 퍼져 싸움터에서 몇 발짝 물러날 뿐 곧 시체 위로 쓰러질 것이다. 신들은 이렇게 이어지는 일대일 라그나뢰크 전투를 벌이다가 죽고 세계는 서서히 어두운 바다로 가라앉는다. 창조가 무효가 되고 모든 것이 태초의 상태, 마치 아무것도 존재하지 않았던 것처럼 텅 빈 곳이 될 것이다. 하지만 다른 이들은 세계가 부활할 거라고 이야기한다. 곳곳에서 창조가 다시 시작되고, 푸르고 아름다운 대지가 바다에서 새롭게 떠오를 것이다.[3]

21장
이누이트 조상들이 하늘에서 벌이는 축구 경기
북아메리카

 북극해 근처의 땅은 지구상에서 사람이 가장 살기 힘든 지역이다. 얼어붙는 추위와 미친 듯이 몰아치는 눈보라, 휙휙 방향이 바뀌는 바람에 시달리며 길고 어두운 겨울을 보내면 얼음이 녹아내리는 위험한 여름이 온다. 그러니 음식과 다른 필수품을 찾는 일은 생존을 위한 위험한 투쟁이 된다.

 그러니 알래스카에서 캐나다를 거쳐 그린란드에 이르는 5천 킬로미터의 땅에서 15만 명의 강인한 민족들은 생존을 이어나간다. 이들은 자신들을 '진짜 사람들'이란 뜻의 이누이트라고 부른다. 이들 대다수가 살아가는 위협적인 환경을 생각하면, 이들이 어디에서 왔고 어떻게 왔는지 들려주는 이야기가 머릿속을 괴롭히는 두려움으로 가득한 것이 놀랍지 않다. 북유럽과 마찬가지로 이누이트의 땅과 하늘의 풍경은 변화가 극심한 곳으로 계절에 따라 초록색과 흰색, 빛과 어둠이 극단적으로 나타난다. 이 이야기에 등장하는 사람과 동물은 이들의 거주지를 반영하듯 모두 변신에 능하다.[1]

만물은 어떻게 존재하게 됐는가? 오래전 흙과 언덕과 돌, 눈, 얼음까지 포함하여 대지 전체가 위에서 떨어졌다. 처음에는 하늘과 땅이 너무 가까워 서 있을 수 없었다. 그러다 웅크리고 살던 첫 인간들과 동물들이 네 방향에 기둥을 하나씩 세워 하늘을 떠받치기로 했다. 하지만 기둥이 그다지 튼튼하지 않아 어긋나버렸고 그래서 세상이 기울어졌다. 그러다 비가 쏟아져 모든 것이 잠겼다. 대피해 있던 바다 위 섬들은 모두 뒤집혔다. 지금도 섬 꼭대기에 가면 초기 생명체들의 껍질과 뼈가 남아 있는 것을 볼 수 있다.

 우리는 우리가 사는 곳 밑에 역시 네 개의 기둥이 지탱하는 또 다른 세상이 분명 있었다고 생각한다. 바닷가에 떠내려오는 나무를 확인해보면 이를 알 수 있다. 이 나무는 지하세계 숲에 남아 있던 게 분명하고 이누이트는 그 세계에서 왔다. 우선 이누이트 남자 두 명이 땅에서 나타났다. 그들은 '니아쿠크타악 niaquqtaak'(흙더미)으로 만들어졌고 흙을 먹었다. 이누이트 두 명은 자식을 낳고 싶었다. 그래서 한 명이 다른 한 명을 남자 아내로 만들었다. 남자 아내는 임신하게 됐는데 날짜가 돼도 아이가 태어날 방법이 없었다. 그래서 남편은 남자 아내에게 마법이 깃든 노래를 불러줬다.[2] 노래를 듣자 음경이 갈라졌고 남자 아내는 여자로 변했다. 이누이트는 대부분 이 두 사람의 자손이다.

안타깝게도 여자들이 모두 임신할 수 있었던 것은 아니다. 이들은 밖에 나가 땅의 아이들을 찾아야 했다. 아기들은 버드나무 덤불 사이 눈더미 속에 있다가 나뭇잎에 쌓인 채 땅 위로 나왔다. 아기들은 눈을 꼭 감고 누워서 팔다리를 버둥거렸고 기지도 못했다. 눈밭에 나간 여인들은 아기들을 찾아 양자로 삼고 집에 데려왔다. 그렇게 옷도 해 입히고 보살피며 아기들을 키웠다. 곧 세상에 이누이트가 많아졌다. 이들은 먹을 음식과 몸을 보호할 모피가 필요했지만 너무 어두워서 사냥할 수 없었다. 구할 수 있는 건 고작 가까이 사는 들꿩과 토끼뿐이었고 사람들은 활과 화살로 이 동물들을 잡았다.

먹이를 더 잘 찾고 싶은 큰까마귀도 빛을 원했다. 반대로 여우는 어둠을 좋아했다. 이누이트들이 숨겨놓은 고기 저장고를 약탈하려면 어두운 게 나았다. 둘은 심하게 다퉜다. "깍! 깍! 빛이 나타나기를, 낮이 오기를!" 큰까마귀가 말했다.[3] "컹! 컹! 밤이 되기를, 밤이 되기를!" 여우가 응답했다.[4] 둘은 이런 마법이 깃든 말을 통해 밤과 낮이 번갈아 나타나도록 했고 이렇게 말다툼은 마무리됐다. 그때부터 쭉 이 방식이 이어졌다.

이제 우리의 이누이트는 사냥을 위해 동물들의 도움이 필요하다는 것을 알게 됐다. 우선은 개가 필요했다. 그래서 한 명이 손에 목줄을 들고 땅을 밟으며 소리치기 시작했다. 그러자 눈 위로 솟은 작은 흙더미들에서 개들이 튀어나와 몸을 부르르 떨었다. 그때부터 사람들은 개들과 팀을 꾸려 집에서 멀리 떨어진 곳으로 나갔고 곰, 바다코끼리, 물개 같은 큰 사냥감을 잡아 집으로 가져올 수 있었다.

밤과 낮이 있기 전에는 죽음이 없었다. 사람들은 계속 나이 들어서 걷거나 볼 수 없게 되면 그냥 누워 있었다. 죽음과 함께 태양, 달, 별도 찾아왔다. 그래서 이제 사람들은 죽으면 하늘에 올라가서 빛날 수 있다.

하늘이 창조되고 죽음이 세계의 인구 과잉 문제를 해결해주자 고인이 된 영혼들도 즐거움을 찾고 싶었다. 이들은 하늘에서 바다코끼리 머리를 공 삼아 축구 경기를 했다. 어떤 밤에는 텅 빈 두개골이 날아가면서 획 회전하는 소리를 들을 수 있고, 바다코끼리의 엄니가 땅에 박히는 묵직한 소리를 들을 수도 있다. 그리고 빛의 휘장을 펄럭이는 아크사르니트 **aqsarniit**(선수들)가 사방으로 재빠르게 움직이면서 어떤 이는 선으로 나타나고 어떤 이는 휘어지거나 형태를 바꾸며 일렁이기도 하는 것을 실제로 볼 수 있다. 일부는 밝은 분홍색이고 빨강, 초록, 노랑도 있다. 선수들은 작전 회의라도 하듯 높은 곳에 한데 모였다가 사방으로 날아간다. 소녀 한 명이 다음과 같이 말한다.

> 우리가 어렸을 때는 … 다채로운 아크사르니트를 보곤 했어요. 어떤 건 밝은 분홍색이었어요. 아크사르니트가 사람들의 목을 벤다는 말을 들었죠. 아크사르니트가 축구할 때 바다코끼리 머리를 찬다는 것도 알고 있었기 때문에 이 말을 믿었습니다. 그래서 너무 무서웠어요! 제 생각엔 움직이는 속도가 굉장히 빨라서 그런 것 같아요. 그들이 머리에 손을 대면 목이 잘리는 거죠. 실제로 아크사르니트 때문에 머리가 잘렸다는 사람은 한 명도 못 봤지만 지금도 무서워요. 또 하나는 아크사르니트에게 휘파람을 불면 휙 소리가 나면서 속도를 높인다는 거예요. 그걸 보면서 진짜 무서웠고 정말로 내 머리를 잘라갈 것 같았어요. 물론 어린이다운 생각이었어요.[5]

우앙나크^{Uangnaq}(북서풍)는 가장 강한 바람이다. 그녀는 짧은 겨울 낮에 찾아와 쉬지 않고 불어대며 커다란 초승달 모양의 눈을 쌓고 끝부분으로 자신이 온 방향을 가리킨다. 이 일을 마치고 나면 곧바로 눈더미의 끝부분을 불어 자신이 창조한 것을 파괴하고 둥근 혀 모양을 만든다. 세 번째로는 능선과 가파른 정상을 만든다.

다행히 이 바람은 밤이 되면 잦아든다. 여름에는 니기크^{Nigiq}가 온다. 그는 남동쪽에서 부는데 우앙나크처럼 강하지는 않아도 쉬지 않고 불어온다. 그가 만드는 눈더미도 비슷한데 부드럽게 경사를 이루며 점점 좁아진다. 하지만 모양이 그다지 바뀌지 않는다.

'니기크'에게는 남성 '이누아'가 있고 '우앙나크'에게는 여성 '이누아'가 있습니다. 여자가 말로 남자를 괴롭혀도 남자는 같은 상황에 있는 여자들처럼 동요하지 않습니다. 남자는 이런 괴롭힘에도 오랫동안 잘 대처할 수 있습니다. 그래서 남자는 일을 부드럽게 처리합니다. 그러나 여자는 항상 일을 힘들게 만들죠.

당연히 남자의 해석이다. 다른 해석도 있다.

과거에는 … 여자들은 밤이 되면 일을 마치고 신발을 벗어 잠자리에 들 준비를 했습니다. 남동풍은 남자들이 한밤중에 이집 저집 돌아다니느라 바쁜 것처럼 밤에 더 활발해지고 강해집니다.[6]

바람이 사람들과 꽤 비슷하다.

천둥과 번개는 옛날에 창조됐다. 언젠가 무리가 짐을 모두 큰 강 너머로 나르고 야영지를 옮기고 난 뒤에 남겨진 어린 고아 남매가 있었다. 먹을 것도 없고 가진 것이라곤 등에 진 옷가지 밖에 없던 아이들은 되돌아가 목숨을 부지하는 데 도움이 될 만한 게 남았는지 확인해보기로 했다. 여자아이는 부싯돌을 찾았고 남자아이는 뻣뻣하고 바싹 마른 순록 가죽을 찾았다. 찾은 물건으로 뭘 할까 생각하다가 남자아이가 말했다. "누나, 이제 사람은 그만해야겠어. 뭐가 되면 좋을까?" "순록이 되자." 누나가 말했다. "안 돼, 그럼 뿔에 받혀서 죽을 거야." 동생이 대답했다. "누나, 뭐가 되면 좋을까?" "물개가 되자." 누나가 또 제안했다. "안 돼, 그럼 찢어져서 죽을 거야."[7]

아이들은 생각나는 동물을 모두 떠올리며 뭐가 될지 생각했다. 하지만 매번 어떤 피해를 입을지부터 걱정했다. 마지막으로 여자아이가 번개와 천둥이 되자고 했다. 그래서 아이들은 공기의 영혼으로 변해 번개와 천둥이 됐고, 하늘로 올라가 여자아이는 부싯돌로 불꽃을 일으키고 남자아이는 말린 순록 가죽 조각을 북 두드리듯 두드렸다. 아이들이 하늘로 올라가서 하늘이 울부짖었다.

이후 두 고아는 새 야영지에 천둥과 번개를 내려 자신들을 남기고 떠난 사람들에게 복수했다. 나중에 이 황량한 장소에 들어온 나그네들은 사람들이 전부 천막 안팎에 죽어 있는 것을 발견했다. 이들은 다친 흔적이 없었다. 오직 공포로 눈이 붉을 뿐이었다. 하지만 나그네들이 사람들의 몸에 손을 대자 재가 되어 부서졌다. 이렇게 해서 사람들은 천둥과 번개의 위험을 알게 됐다. 그때부터 가죽 북을 때리는 천둥소리가 들리고 부싯돌에서 번갯불이 튀면 영혼들이 살아난다. 그리고 사람들은 왔던 방향을 향해 화살을 쏜다.[8]

22장
지구 최남단 해협에서 벌어진 무서운 전투

남아메리카

한때 사람들이 살다가 지금은 살지 않는 곳이란 이제는 지구상에서 찾아보기 힘들다. 그러나 남아메리카 끝, 티에라델푸에고의 동쪽 가장자리 지역이 바로 그러한 곳이다. 자이우스Jäius라고도 불리는 로스에스타도스Isla de los Estados섬(네덜란드어 기원으로는 스테튼섬)은 대서양과 태평양이 충돌하는 곳으로 지금까지도 작은 해군 기지를 제외하고는 사람이 거주하지 않는다. 티에라델푸에고의 큰 뿔 모양의 섬과 자이우스를 가르는 르메르 해협Le Maire Strait은 극심한 조류와 위험한 물살로 잘 알려져 있다. 끝없이 부는 서쪽 바람은 자주 태풍을 동반하고 연중 강수일은 250일 이상이다.

19세기 전까지 하우시족으로 알려진 유목 수렵인들이 해협의 서쪽에 거주했다. 유럽 침략자들이 전파한 질병으로 인해 죽거나 좀 더 서쪽에 거주하던 셀크남족 Selk'nam에게 흡수되기 전까지 이들은 고래를 사냥했고 라마처럼 생긴 포유류인 과나코에 의존해 지구상에서 가장 험하다고 할 만한 곳에서 삶을 꾸렸다. 다윈은 영국 군함 비글호를 타고 떠나면서 이곳을 '먼 바다에서 일렁이는 파도가 흩어져 있는 바위들에 쉬지 않고 분노를 쏟아내는 황량한 곳'이라고 묘사했다. 그는 일기에 다음과 같이 적었다. "뭍사람이라면 그런 해안을 한 번만 봐도 일주일은 난파선, 조난, 죽음이 나오는 꿈을 꿀 것이다. 우리는 그 광경을 목격한 후 티에라델푸에고에 영원한 작별을 고했다." 1

세상의 아버지들과 어머니들은 그들의 조상이 한 번도 자이우스섬에 가보지 않았다고 말한다. 카누가 없었기 때문이다. 하지만 우리 모두는 맑은 날 해협 건너편 동쪽에 있는 자이우스섬을 볼 수 있다. 그곳은 동쪽의 위대한 산맥이며 하늘을 받치는 네 기둥 가운데 하나였고 우주의 권력자가 앉는 자리였다.

서쪽의 강력한 마법사 셰누 Shenu(바람)가 북쪽 마법사 콕스 Kox(바다)와 해협에서 큰 전투를 벌였다. 두 마법사의 싸움은 거대한 폭풍을 일으켰다. 바람이 전투에서 승리하자 결과에 만족하지 못한 바다가 여성 식인 괴물, 체눔Chénum 한 쌍을 북쪽과 서쪽에서 각각 데려와 해협 한가운데서 다시 싸우게 했다. 북쪽 괴물이 서쪽의 숙적을 붙잡고 갈가리 찢었다. 해협 중간에서 솟구친 괴물의 피가 멀리 이리고옌강과 바다가 만나는 내륙까지 튀었다. 그래서 이곳 토탄 습지에서 흐르는 물이 붉은색을 띠게 됐다. 체눔은 바람이 이들을 바닷가의 절벽과 벼랑으로 바꾸기 전까지는 모든 강을 다스렸다.

체눔들은 여전히 바닷가 높은 절벽에서 쉬고 있다. 우리는 누워서 제물을 기다리는 이들을 직접 볼 수 있다. 이들은 원시 세계의 사람들을 유혹해 이들이 가까이 보려고 다가오면 바닷물로 사정없이 쓸어버리곤 했다. 그럼 식인 괴물들은 이 사람들을 게걸스럽게 먹어치웠다. 북쪽 식인 괴물은 계속 해협에 살아남아 바다에서 난폭한 싸움을 일으킨다. 지금도 자이우스 동쪽 끝을 지나 혼곳으로 돌아가지 않고 겁 없이 해협을 통과하려는 선원에게 이곳은 위험한 장소다. 많은 난파선이 바다와 바람 사이에 벌어진 전투를 떠올리게 한다.

바다의 부인과 바람의 누이가 딸을 많이 낳았는데 이 딸들은 고래였다. 그들의 아버지는 딸들이 강력한 적들에게 잡아먹히지 않도록 넓은 바다를 만들고 팔로 딸들을 그곳에 데려가 안전하게 보호했다. 한때는 해협이 석호였는데 딸들이 뒤쫓아오는 악한 세력을 피해 안전하게 통과하도록 바다가 이곳을 열어주었다는 이야기도 있다. 해협 너머로 보이는 자이우스의 삐죽삐죽한 산들은 페마우켈Pémaukel(동쪽 하늘)의 '저승'과 우리를 분리하는 거대한 요새의 성벽과도 같은 곳으로 코인 하리K'oin-Harri(산맥 뿌리)라고도 불린다. 이 정도가 우리가 아는 전부다.

봄이 시작될 무렵 한 남자가 어느 날 오두막에서 나와 머리 위로 날아다니는 따오기를 봤다. 남자는 신이 나서 가족들에게 큰 소리로 외쳤다. "저기 봐, 따오기가 우리 오두막 위로 날아다녀. 봄이 오니 따오기들이 돌아오고 있어." 모두 기뻐서 펄쩍펄쩍 뛰었다. 하지만 따오기는 자신의 등장에 우쭐대는 이들의 외침 소리를 듣고 화가 나서 눈보라를 일으켰다. 쉬지 않고 눈이 내리고 날이 추워졌다. 땅과 바다가 완전히 얼음으로 뒤덮여 꽁꽁 얼어붙었다. 너무 추워져서 사람들이 음식을 구하러 밖으로 나가지 못했다. 사방에 눈이 쌓여 땔감을 구할 수도 없었다. 많은 사람들이 죽었다.

오랜 시간이 지나 눈이 그치고 해가 났다. 열기가 얼음과 눈을 녹일 만큼 강해졌다. 좁은 수로와 넓은 수로에 물이 많이 흐르기 시작하자 사람들은 이제 카누를 타고 음식을 구하러 갈 수 있게 됐다. 그러나 높은 언덕과 골짜기는 얼음이 너무 깊어 녹지 않았다. 이 얼음이 바다까지 쭉 이어져 빙하를 이뤘다. 빙하를 보는 사람들은 따오기가 불러온 거센 눈보라를 생각한다. 그때부터 우리는 따오기를 매우 정중하게 대하게 됐다. 모두의 존경을 받는 민감하고 섬세한 여성으로 여기는 것이다. 이제 따오기가 마을 가까이 오면 우리는 가만히 침묵하고 아이들에게는 쳐다보지도 말라고 가르친다.[2]

나오는 글

고대 그리스에서 현대 빅뱅까지

여기서 전할 이야기는 오래전, 기원전 1세기에 쓰였지만 많은 독자들에게 놀라울 정도로 친숙하게 들릴 것이다. 이 이야기는 흡사 과학 용어와 같은 언어로 구성돼 있어 신화라고 생각하기에는 '너무' 현대적이고 정확하고 이성적이다. 사실 일부 과학사 학자들은 이 이야기가 현대의 과학적 방법의 토대를 그대로 보여준다고 생각한다.[1] 이 창조이야기의 저자이자 그리스의 역사학자인 디오도로스 시켈로스 Diodorus Siculus(시칠리아의 디오도로스)는 500년 먼저 소아시아 해안의 밀레투스에 살았던 그리스 자연철학자들에게서 영감을 얻었다. 이들은 주변 풍경을 주의 깊게 관찰해 지금은 대부분 사라진 독창적인 이야기를 고안했다.[2] 디오도로스의 기념비적 보편 역사서 《비블리오테카 히스토리카 Biblioteca Historica》는 세계 창조부터 시작해서 트로이 전쟁과 알렉산더 대왕의 업적을 거쳐 저자가 사는 시기에 이르기까지 모든 것을 다룬다. 이 저서의 초반부를 보면 그의 설명이 확실히 우주 기원론에 대한 현대 과학적 관점의 근원이 분명하다는 생각이 든다. 이 책은 다음과 같은 질문에 답하면서 시작한다. 세상은 어떻게 시작됐는가?

태초에는 … 우주가 형성되고 있었고 하늘과 땅의 구성 요소가 서로 섞여 있었기 때문에 둘의 모습이 구분되지 않았다. 그러다가 몸체가 서로 분리되자 우주는 각 부분이 전부 현재 보이는 질서 잡힌 형태가 됐다. 공기는 끊임없이 움직이기 시작했고 그 안에 불타는 요소는 가장 높은 지역으로 모였다. 그런 성질을 지닌 것은 가볍기 때문에 위로 올라간다(그리고 같은 이유로 태양과 다른 무수한 별들도 우주를 빙빙 돌게 된 것이다). 반면에 진흙같이 탁하고 축축한 혼합물이 들어 있는 것은 모두 무게 때문에 한 곳에 가라앉았다. 이렇게 계속 반복적으로 쌓이고 눌리다가 축축한 데서 바다가 형성됐고 좀 더 단단한 곳에서는 옹기장이의 점토같고 말할 수 없이 부드러운 땅이 생겼다.[3]

명확하게 표현할 수 없는 것들이 무질서하게 섞여 있다가 점점 분리되어 우리가 현재 아는 대로 땅과 물, 태양과 별이 있는 우주가 됐다는 이야기를 누가 생각해낼 수 있었을까? 그리고 질 퍽하게 부풀었다가 단단한 정도가 변하는 땅은 어디를 말하는 가? 이쯤에서 두 번째 질문이 제기된다. 우리는 어디서 왔는가?

그러나 태양 불이 땅을 비추자 처음에는 땅이 단단해졌고 그러 다 온기 때문에 지표면이 발효되면서 여러 곳에서 젖은 부분이 덩어리지고 부풀어 올랐다. 여기에 엷은 막으로 덮인 돌기들이 솟아났다. 지금도 늪이나 습지의 땅이 차가워진 상태에서 공기 가 단계적 변화 없이 갑자기 뜨거워지면 이런 현상을 볼 수 있다. 그리고 젖은 땅이 앞서 묘사한 방식의 온기 때문에 생명을 품게 되면서, 살아 있는 것들이 밤에는 주변 공기에서 떨어진 안개로 부터 양분을 얻고 낮에는 뜨거운 열기로 단단해졌다. 마지막으 로 배아가 완전히 성숙하고 막이 완전히 뜨거워졌다가 부서지자 모든 형태의 동물이 탄생했다. 이 가운데 가장 따뜻한 양분을 얻 은 동물들은 높은 지역으로 올라가 날개를 달았고 땅과 같은 농 도를 유지한 동물들은 기어 다니는 동물들과 그 밖의 다른 육생 동물이 됐고 기질에 축축한 요소가 있는 동물들은 그들에게 맞 는 지역에 모여 수생 동물의 이름을 얻었다. 대지는 태양불과 바 람의 활동으로 점점 단단해져서 더 이상 큰 동물을 만들지 못하 게 됐지만 이제 모든 생물들은 번식을 통해 태어났다.[4]

디오도로스가 들려준 내용으로 판단할 때, 이 이야기를 만든 철학자들은 대단히 명석한 시선으로 자연을 바라봤고 또한 실질적으로 생각한 것으로 보인다. 이야기는 계속해서 어떻게 물고기 같은 생명체 안에서 배아가 형성되고 그 배아가 점점 성숙해 살아 있는 개체가 되고 거기서 인간이 생겨났는지 들려준다. 드디어 우리 남자와 여자가 나타나 삶을 꾸릴 준비를 한다.

처음에는 사는 게 쉽지 않았다. 최초의 인간들은 야생동물처럼 혼자 사냥하고 채집하며 끊임없이 포식자들의 위협에 시달리다가 서로 돕는 방법을 알게 됐다고 디오도로스는 말한다. 그들은 또한 서로 동의한 상징에 기반해 목소리를 명확하게 만들어 소통하는 법을 익혔다. 이 초기 인류는 불 사용법을 습득했고 옷을 입어 비바람으로부터 몸을 보호했다. 이들은 농사짓고 음식을 저장하기 시작했다. 이렇게 사는 데 필요한 것들을 모두 익힌 후 문명을 일으켰다.

기술과 그밖의 사회생활에 필요한 것들이 서서히 개발됐다. 사실 … 만물 중에서 인간의 스승 역할을 한 것은 필요성 그 자체로, 이는 자연의 풍부한 혜택을 입고 모든 목적에 도움이 되는 손과 언어와 총명한 정신을 갖춘 생명체에게 적절한 방식으로 가르침을 줬다.[5]

얼마나 독창적이고 진보적인 이야기인가! 이 창조 서사는 실제 시공간처럼 보이는 곳에서 전개되고, 모든 것이 멈추지 않고 천천히 조금씩 변한다. 초자연적인 존재나 초월적 개체가 언급되지도 않고 신을 이야기하거나 악마와 대화하지도 않는다. 이 창조 신화에는 '누가 왜 이렇게 했는지'가 없다. 이야기를 지탱하는 개념은 현대 진화론을 예측하는 듯하다. 지질 연대를 알 만한 요소는 전혀 없지만 과학적으로 사고하는 현대 독자에게도 타당하게 들리는 이야기다. "그런 성질을 지닌 것은", "가볍기 때문에", "온기 때문에", "현재 보이는 질서 잡힌 형태" "완전히 성숙하고" 등 언어도 매우 익숙하다. 이는 이성적 절차에 따라 우리가 현재 경험하는 우주에 근거하여 우리를 단계적으로 안내하는 과학의 언어고 주의 깊은 관찰에 기초한 설명을 요구하는 질문이다. 관련된 사건들의 자세한 순서를 기록하고 어떤 일의 씨앗에서 다음 일의 결과를 밝히는 일, 즉 과학자들이 '원인과 결과'라고 부르는, 세계를 이해하는 방식이 여기에 있다.

이 책을 통해 나는 어떤 창조이야기도 내가 풍경이라고 칭한 화자의 경험과 환경을 모르고는 진정으로 이해할 수 없다는 점을 증명하고자 했다. 풍경이 화자의 상상력에 불을 지핀다. 그렇다면 처음으로 홀로 존재하는 우주를 상상해 듣는 이들에게 자연과 인류를 포용하는 생각의 틀을 씌운 이 사람은 누구일까? 누가 처음으로 정확한 관찰과 순수한 이성을 연결하는 창의적 과정을 개발하도록 이들을 독려했을까?

우리는 디오도로스가 시칠리아섬의 산간마을 아지라Agira에서 나고 자랐다는 것을 알고 있다. 에트나산의 그림자가 드리운 이곳은 이야기 속에서 태곳적 세상을 구성했다고 하는 부드러운 진흙과 축축한 늪지가 전혀 없다. 내가 먼 옛날에 살던 디오도로스의 이야기를 다시 꺼내듯 디오도로스도 그리스의 지리학자이자 역사학자인 헤카타이오스Hecataeus의 단편 글에서 이야기를 뽑아냈다. 디오도로스의 시대와 헤카타이오스의 시대는 현대 천문학 창시자에 관한 글을 쓰는 현대 역사학자와 갈릴레오의 사이만큼이나 멀다. 헤카타이오스는 아나톨리아 서쪽 해안에 있는 그리스 식민 도시 밀레투스(현재는 터키)에 살았다. 그리고 헤카타이오스는 창조의 기본 질문에 대한 기원전 6세기 버전의 해답을 아낙시만드로스, 아낙시메네스 같은 당대의 밀레투스 철학자들과 그들의 스승이자 이른바 이오니아(또는 밀레투스)학파의 창시자인 탈레스에게서 얻었다.

밀레투스의 지질과 지리를 면밀히 들여다보지 않고는 이 창조이야기의 기본을 이해할 수 없다. 지금은 밀레투스의 유적이 해안에서 내륙으로 3.2킬로미터 들어가 있지만, 고대에는 이 번

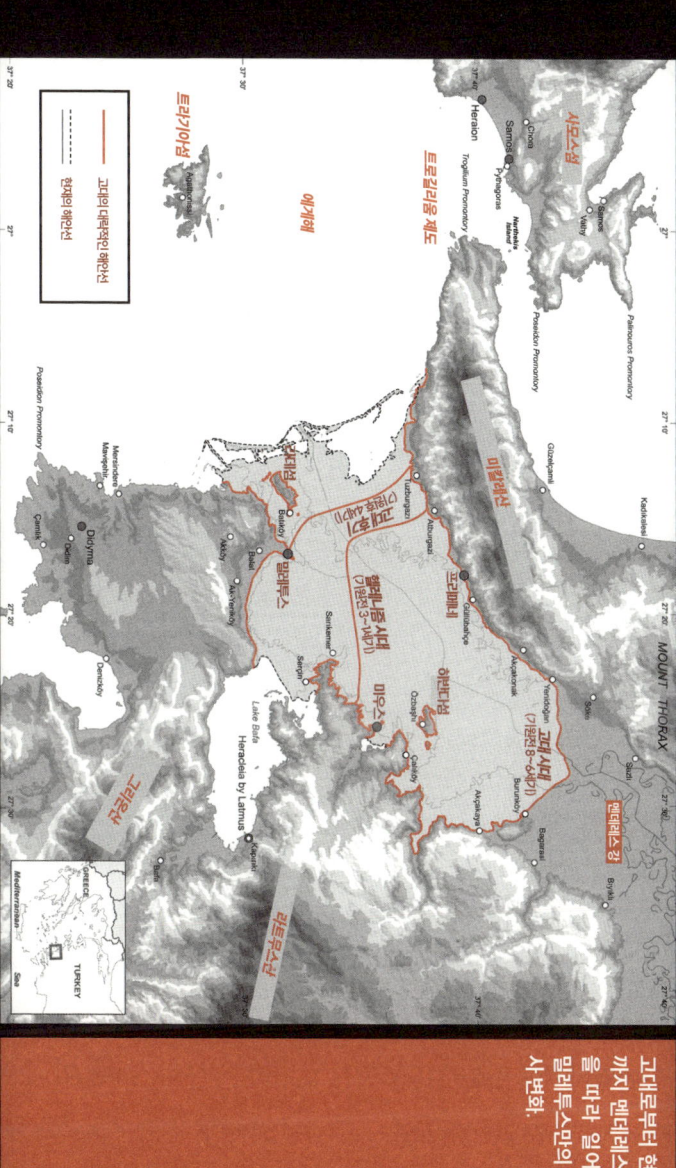

고대로부터 현재까지 멘데레스강을 따라 읽어나간 밀레투스만이 토사 변화.

성한 식민지에 북적거리는 항구가 있었다. 그러나 서쪽 산에서 멘데레스강을 타고 내려온 충적토로 항구에 토사가 급속하게 쌓였고 로마 시대에 이르자 도시 경제의 몰락으로 이어져 이곳은 결국 버려졌다. 헤카타이오스가 살던 시기에는 한 세기당 대략 1.6킬로미터 속도로 해안선이 멀어졌으니 인간의 평균 수명으로도 충분히 알아볼 수 있었다. 고대 역사가들은 대부분 지구의 지질이 변한다는 증거가 거의 없다고 생각했지만, 디오도로스의 서사를 관통하는 자연환경 발달에 관한 관점은 2,500년 전 주의 깊은 자연 관찰자들의 눈앞에 펼쳐진 급격한 풍경 변화에 영향을 받은 것으로 보인다. 해안선이 에게해 쪽으로 슬금슬금 멀어지면서 회오리바람과 끈적한 진흙과 고온다습한 늪지가 다양한 생물들의 삶을 뒤흔드는 현상이 밀레투스 시민들에게는 모두 진짜 현실이었다.

우리는 이 이야기가 초자연적인 힘을 쉽게 받아들이지 않는 이유를 이해하기 위해 원 창작자를 알아야 한다. 헤카타이오스는 지리학에 관한 글로 제일 잘 알려져 있고 그의 작품 중에는 최초의 세계 지도도 있다. 이 지도는 지중해와 에게해가 중심이고 유럽, 서아시아, 북아프리카 모두가 바다로 둘러싸여 있다. 반도 가장자리에 사는 사람에게는 합리적 시선으로 바라본 세계다. 글이 일부밖에 남아 있지 않지만 헤카타이오스는 여행하면서 자신들을 몇 세대 내려온 신의 혈통이라고 생각하는 페르시아, 이집트, 인디아 귀족에게 들은 많은 이야기를 전한다. 이렇게 입으로 전하는 이야기의 신뢰성을 의심한 그는 전반적으로 미심쩍어하는 태도를 키운 것 같다.

이오니아의 세계관은 당시 기준과는 완전히 동떨어져 있었지만 다음 세기에는 지적 혁명에 알맞은 분위기가 무르익었던 것으로 보인다. 이곳은 오랫동안 페르시아의 지배를 받다가 기원전 490년에 그리스인들이 마라톤 전투에서 동방의 적을 쫓아내면서 자유의 새 시대를 열었다. 이제 그들은 독자적으로 사고를 확장하고 교역과 상업을 발전시키며 그들을 지배하던 소란스러운 세상보다 훨씬 큰 세상의 작용을 묻고 사색할 수 있게 됐다. 전쟁의 방해를 받지 않게 된 그리스 사회는 생각할 시간을 누리게 됐고 그들의 발밑과 주변 세상이 어떻게 구성됐고 별이 하늘을 가로지르는 힘은 무엇인지 궁금해했다. 이런 세계에 밀레투스 철학자들의 급진적인 사고가 밀고 들어온 것이다. 그래서 헤카타이오스가, 이후에는 디오도로스가 실용적 사고방식에 기반해 더 넓은 환경의 기원을 밝힌 창조이야기를 우리에게 전하게 됐다. 그들의 이야기에서 중심인물은 신이 난 영웅적 왕소가 아니라 물에서 생겨나 양분이 풍부한 바다 한가운데서 생명을 쏟아내는 안정적인 세상이며 모두 독립적인 원칙에 따라 움직인다.

디오도로스로부터 2,500년 후에 등장한 창조이야기에서 조금이라도 유사한 점을 발견할 수 있겠는가?

먼 옛날 거대한 구름 혹은 성운에서 별 하나가 생겨났다. 이는 기체와 거친 입자가 균일하게 섞인 혼합물이 분리되고 모든 물질 형태에 내재하는 인력의 결과로 농축되면서 일어났다. 이 응집으로 얻은 힘을 가지고 항성이 빛과 열을 냈다. 오랜 시간 동안 이렇게 흐릿한 물질이 눌리는 현상이 역시 항성을 둘러싼 구름의 다양한 부분에서 발생해 행성들이 만들어졌다. 좀 더 작은 이런 응집체들이 항성을 가운데 두고 다양한 크기의 궤도로 쉬지 않고 돌아가면서 물질 덩어리들이 언덕을 내려가는 수많은 눈덩이처럼 한데 뭉쳤다. 행성들이 식은 후 그중 작은 행성에 단단한 표면이 생겨났고 그 위를 더 가벼운 바다가 뒤덮었고 제일 위에는 내부의 가벼운 물질들의 상승 운동으로 형성된 더 가벼운 대기가 올라갔다. 중앙의 항성은 더 뜨거워져 가까이 있는 행성의 기체 물질 대부분을 우주로 보내버렸다. 또한 적절한 가열 조건을 창조해 각 대기권의 구성을 바꾸는 화학 반응을 이끌었다. 점진적인 변화 과정을 겪으면서 행성들의 대기는 서로 많은 차이가 생겼고 이는 지구에서 망원경으로 관찰한 결과나 행성 간 우주

탐사 로봇의 사진 자료를 통해 증명된다. 이 세계 가운데 하나의 풍부하고 온화한 대기 밑의 따뜻한 바다에서 서서히 생명이 발달했다.[6]

현대 우주론의 어떤 자료에서든지 이러한 창조이야기를 쉽게 찾을 수 있을 것이다.

감사의 말

내게 이 책과 전작《별 이야기》를 쓸 것을 제안한 전 예일대학교 출판부 과학기술 편집자 조 칼라미아에게 다시 한번 감사의 마음을 전한다. 나와 마찬가지로 그는 과학자들과 과학 역사학자들이 일반적으로 연구하는 범위를 넘어서는 '세계 우주발생론 입문서'를 장려할 가치가 있다고 믿었다. 이 책은 내가 예일대학교 출판부와 함께 낸 세 번째 책이며, 이곳에서 나는 문화인류학적 사고방식과 도구를 이용해 사람들이 어떻게 자연계의 지식을 습득하고 표현하는지 탐구했다.

프로젝트를 기획하고 진행하며 위대한 열정과 응원을 보여준 생명과학, 자연과학, 환경과학, 의학 분야 수석 편집주간 진

톰슨 블랙Jean Thomson Black에게 특별히 감사한다. 그녀의 숙련된 팀원들, 그중에서도 보조 편집자 엘리자베스 실비아, 제작 편집자 수전 레이어티, 수석 홍보팀장 제니퍼 도에르에게도 감사하다. 색인 작업을 해준 알렉사 셀프도 고맙다.

또한 노련한 예술가 매슈 그린Matthew Green이 상당한 재능을 쏟아부어 내 글을 생생하게 살려냈다. 에리카 핸슨과 교열 담당 줄리 칼슨이 꼼꼼하게 사실을 확인하고 원고를 훑었다. 두 사람에게도 감사한다.

수년간 창조이야기에 관한 토론으로 도움을 준 다양한 인접 학문의 동료 학자들에게 감사드린다. 특히 북아메리카 원주민을 연구하는 크리스 벡세이와 캐롤 앤 로렌츠, 안데스 산맥 인류학자 게리 어튼, 서양 고전학자 로버트 갈런드, 내 관점을 풍부하게 해준 이누이트 연구학자 존 맥도널드에게 감사를 표한다.

마지막으로 40년간 내 작업에 지칠 줄 모르는 확신을 보여준 대리인 페이스 햄린과 스탠퍼드 그린버거의 직원들, 탁월한 기술로 원고를 준비하는 조수 다이앤 재니, 내 인생의 모험 내내 영감과 동료애를 보여준 로레인 에브니에게도 감사한다.

주석

들어가는 글

1. F. Jabr, "The Story of Storytelling," *Harper's* 338, (March 2019) pp. 35~41.
2. A. Watts, C. Long, *Alpha: The Myths of Creation*, (New York: Braziller, 1963), xiii에서 인용.
3. A. Aveni, *Star Stories: Constellations and People*, (New Haven: Yale University Press, 2019) (앤서니 애브니, 이영아 옮김,《별 이야기: 인류가 매혹된 별자리》, 현암사, 2020).
4. 종교학에서 세계 신화를 편집, 분류한 책 중에는 C. Long의 저서와 B. Sproul, *Primal Myths: Creation Myths Around the World*, (San Francisco: Harper and Row, 1979), D. Leeming, *Creation Myths of the World: An Encyclopedia*, 2nd ed., (Santa Barbara, CA: ABC-CLIO, 2010)를 추천한다.
5. D. Carrasco의 학제 간 연구는 주목할 만한 예외다. 예를 들어 *Aztec Ceremonial Landscapes*, (Boulder: University Press of Colorado, 1991)에서

카라스코는 표식이 있거나 지도에 표시된 풍경, 사회적·상징적 질서와 신성한 기반에 관한 지식을 전달하는 복잡한 행위를 통해 활기를 되찾은 풍경 등 주로 의식과 관련한 풍경에 초점을 맞춘다.

6. C. Jung and C. Kerényi, *Essays on a Science of Mythology*, trans. R. Hull, (Princeton: Princeton University Press, 1949), p. 101. 융 학파에서 좀 더 알려진 학자인 조지프 캠벨은 원형神話 신화라고도 하는 영웅의 여정을 개발했다. 위기에 빠진 화자가 변화를 겪으며 위대한 모험을 떠나고 승리하는 이야기다. P. Cousineau, ed., *The Hero's Journey: Joseph Campbell on His Life and Work*, (New York: Harper, 1990) (조지프 캠벨, 박중서 옮김, 《영웅의 여정: 조지프 캠벨이 말하는 신화와 삶》, 갈라파고스, 2020)을 참고하자. M. von Franz, *Creation Myths*, (Boulder, CO: Shambhala, 2001)도 참고하자.

7. 메리 바너드의 다음과 같은 말에 동의하며 여기 싣는다. "하지만 이는 메데이아의 수레를 이 수레를 끄는 뱀 앞에 두는 격 아닌가?" M. Barnard, *The Mythmakers*, (Athens: Ohio University Press, 1966), p. 21.

8. 신화와 실제 풍경을 함께 다룬 글을 거의 보지 못했다. 그래도 추천할 수 있는 자료는 M. Egeler, *Landscape and Myth in North-Western Europe*, (Turnhout, Belgium: Brepols, 2019)와 G. Hawes, ed., *Myths on the Map: The Storied Landscapes of Ancient Greece*, (Oxford: Oxford University Press, 2017)가 있다. 인기 있는 창조 신화를 다루면서 풍경을 강조하는 책이 주로 아이들을 대상으로 많이 나와 있다. 이 가운데 D. Anderson, *The Origin of Life on Earth: An African Creation Myth*, (Mt. Airy, MD: Sights, 1991), V. Hamilton, *In the Beginning: Creation Stories from Around the World*, (Boston: Houghton Mifflin, 1988), D. Hofmeyr, *The Star-Bearer*, (London: Frances Lincoln, 2012)를 추천한다.

0장 창조의 풍경

1. 성경 구절은 모두 *The New Oxford Annotated Bible with the Apocrypha*, exp. ed., ed. H. May and B. Metzger, (New York: Oxford University Press, 1977)을 인용했다(한글 성경으로는 '개역개정판'을 사용했다 - 옮긴이). "야훼 단독"이라는 표현은 M. Smith, *Palestinian Parties and Politics That Shaped the Old Testament*, (New York: SCM Press, 1971)에서 가져왔다. 종교 역사학자 찰스 롱Charles Long은 다수의 자연신 숭배에서 일신교로 자연스럽게 발전했다는 결론이 맞지 않다고 보며 셈족 종교를 정의하는 특징인 '유일한 최고신 숭배'가 종교 역사의 정점에 있다고 생각할 필요가 없다고 주장한다. 그의 *Alpha: The Myths of Creation*, (New York: Braziller, 1963), p. 148을 참고하자.

2. 이번에도 M. 바너드의 "신화적 지식의 양식"이라는 표현을 빚졌다. Barnard, *Mythmakers*, (Athens: Ohio University Press, 1966), p. 21을 참고했다.

3. 홍해가 갈라지는 현상에서 언급된 파도의 과학적 연구는 D. Nof and N. Paldor, "Are There Oceanographic Explanations for the Israelites' Crossing of the Red Sea?", *Bulletin of the American Meteorological Society* 73, no. 3, (1992), pp. 305~315를 참고했다.

4. M. Buber, *Moses: The Revelation and the Covenant*, (New York: Harper's, 1946), p. 75.

5. 현대 빅뱅 이론은 벨기에 신부 조르주 르메트르Georges Lemaître가 *L'hypothèse de l'atome primitif: essai de cosmogonie*, (Brussels: Griffon, 1946)에서 제안한 원시적 전자 혹은 우주의 알 이론이 그 전신이다.

6. S. Weinberg, *The First Three Minutes*, (New York: Basic Books, 1988), p. 154(스티븐 와인버그, 신상진 옮김, 《최초의 3분》, 양문, 2005).

7. 이 장에 약술한 여러 창조 행위자와 과정은 D. Leeming, *Creation Myths Around the World*, (Santa Barbara, CA: ABC-CLIO, 2010), pp. 2~29에 잘 요약돼 있다.
8. 층층이 쌓인 우주에 관해서는 내 에세이 "Where Orbits Came From and How the Greeks Unstacked the Deck," in A. Aveni, *Uncommon Sense: Understanding Nature's Truths Across Time and Culture*, (Boulder: University Press of Colorado, 2006), ch. 2를 참고하자. 풍경에 대해 더 알고 싶다면 J. Christie, ed., *Landscapes of Origin in the Americas: Creation Narratives Linking Ancient Places and Present Communities*, (Tuscaloosa: University of Alabama Press, 2009)를 참고하자.

제1부 산

1. 땅이 우리를 바르게 살게 한다는 생각은 애니 피치스 부인의 말로, 인류학자 키스 바소Keith Basso가 "'Stalking with Stories': Names, Places, and Moral Narratives Among the Western Apache," in E. Bruner, ed., *Text, Play, and Story: The Construction and Reconstruction of Self and Society*, (Washington, D.C.: American Ethnological Society, 1983), pp. 19~55, quotation on 20에서 인용했다. 나는 그리핀 피어스T.Griffin-Pierce가 "The Hooghan and the Stars," in R. Williamson and C. Farrer, eds., *Earth and Sky: Visions of the Cosmos in Native American Folklore*, (Albuquerque: University of New Mexico Press, 1992), pp. 110~130, 특히 pp. 111~112에서 이 점을 강조한 것을 높이 산다.
2. "지진의 아이"라는 말은 "Born Among the Dead," Vice News video

에서 인용했다. 영상은 https://www.vice.com/en_us/article/qbxzy7/born-amongst-the-dead-meeting-the-children-of-mexico-citys-tragic-1985-earthquake-876(2020년 8월 6일 접속)에서 확인할 수 있다.

1장 누가 올림포스산에서 신들의 왕이 될 것인가

1. 올림포스산을 다른 장소들과 함께 "문턱"이라고 언급한 부분은 *Iliad* 1.591에 등장한다(호메로스, 천병희 옮김, 《일리아스》, 도서출판 숲, 2015). 여기서 불의 신 헤파이스토스는 제우스의 궁전에서 논쟁을 벌이다가 신들의 왕에게 발가락을 붙잡혀 하늘의 문턱에서 밑으로 던져진다.
2. *Theogony*의 관련 작품은 M. West, *Hesiod: Theogony*, (Oxford: Oxford University Press, 1966)을 참고하자.
3. 그리스인들은 미케네 왕들을 조상으로 보고 테베와 트로이 전쟁에서 승리한 그리스 신화 영웅시대에 이들을 포함해야 한다고 믿었다. 엄밀히 따지면 그들은 처음으로 그리스어를 말한 사람들이라는 점에서 첫 그리스인이었다. 그들의 문명은 기원전 1650~1250년 그리스 남쪽 펠로폰네소스 반도에서 번성했다. 미케네의 인상적인 청동기 신전은 수백 년 후 조상들의 이야기를 기술하는 그리스 역사가들에게 영향을 줬을 것이다.
4. Hesiod, *Theogony*, in R. M. Frazer, trans., *The Poems of Hesiod*, (Norman: University of Oklahoma Press, 1983), pp. 156~163.
5. 같은 책 pp. 822~830.
6. 같은 책 pp. 855~862. 올림포스산을 둘러싼 풍경에서 아이드네산의 정체는 구체적 위치를 포함해 아직 합의된 바가 없다. 프레이저는 이 산이 나중에 시칠리아의 에트나산과 동일시됐다고 하지만 헤시오도스는

소아시아 근처로 상정했을 가능성이 크다.
7. 같은 책 pp. 174~175.

2장 중국의 풍경은 왜 기울어졌나

1. 내가 채택한 반고 신화 버전은 주로 션윈예술단 웹사이트의 shenyun-performingarts.org/explore/category/chinese-stories-history(2020년 7월 14일 접속)에서 가져왔다. 도교 전문 저자 수쩡Xu Zheng이 전하는 이야기이며 주 왕조(기원전 천 년)에서 유래한다. 또한 A. Friedman and M. Johnson, "Nu Wa's Ways (A Chinese Legend)," *Tell Me a Story*, (Cambridge Universal Press Syndicate, 1992)에서 여와 관련 자료를 가져왔다.
2. 불주산은 하늘을 떠받치던 북서쪽 기둥이라고 전해진다. 대체로 전설이긴 하지만 이 산은 중앙아시아 파미르 고원(오늘날의 타지키스탄) 안에 있는 것으로 생각된다.

3장 네 가지 색깔로 이루어진 나바호족의 우주

1. 디네 바하네의 천체 이미지를 더 알고 싶다면 내 책 *People and the Sky: Our Ancestors and the Cosmos*, (London: Thames and Hudson, 2008), ch. 1을 참고하자.
2. R. Louis, *Child of the Hogan*, (Provo, UT: Brigham Young University Press, 1975), p. 3.
3. 세계의 구멍과 관련해, 땅으로 푹 들어간 아나사지족 '키바'(종교 의식용 건물)의 바닥 한가운데서 발견된 구멍 '시파푸'를 보면 조상들이 다른 세계에서 나타나게 된 통로(입구)를 떠올리게 된다.
4. P. Zolbrod, *Diné Bahane': The Navajo Creation Story*, (Albuquerque:

University of New Mexico Press, 1984), pp. 35~36.

5. 같은 책, p. 38
6. 같은 책, p. 41
7. 같은 책, p. 42
8. 같은 책, p. 58
9. 같은 책, p. 82
10. 만화 캐릭터 와일 E. 코요테("와일리")를 들어본 독자들이 많을 것이다. 와일리는 언제나 그의 적수 로드 러너를 쫓아다니지만 절대 잡지는 못한다. 그는 말썽만 일으키는 복잡한 기계를 만들어 적을 추적하다가 항상 아슬아슬하게 놓치고 종종 벼랑 끝에서 떨어져 공중에 떠 있게 된다. 불가능한 상황에 놓인 것을 알게 된 그는 갑자기 중력의 법칙을 깨닫고 먼지구름을 일으키며 사막으로 추락한다. 코요테의 우스꽝스럽고 익살맞은 행동 덕분에 와일 E. 코요테는 미국 잡지에서 뽑은 '역대 가장 고약한 60대 악당'에 올랐다(listal.com/list/tv-guides-60-nastiest-villains, 2020년 7월 14일 접속). 코요테는 아메리카에 처음 정착한 유럽인들에게 비겁하고 믿을 수 없다는 부정적인 이미지를 처음 얻었다. 그들은 종종 코요테가 사슴, 칠면조, 가축을 공격한다는 부당한 비난을 가했다. 북아메리카 서부인들은 특히 코요테가 가축에게 피해를 준다며 극히 싫어한다(사실 대부분은 늑대 탓이다). 꼬리를 다리 사이에 말고 거의 눈에 띄지 않게 살금살금 돌아다니는 코요테의 존재를 알 수 있는 근거는 날카롭고 높은 소리로 울부짖을 때뿐이다.

하지만 갯과 동물학자들은 코요테가 상당히 똑똑하고 다재다능하며 적응력이 좋은 동물이라고 말한다. 늑대와 달리 코요테는 일부일처 형태를 유지하며 수컷은 새끼 키우는 일을 돕는다. 이들은 남서부 원주민들이 마주치는 그 어떤 동물보다도 인간과 비슷하다. 아마도 이 점이 나바호 창조이야기에서 코요테가 중심역할을 맡은 이유일 것이다. 그럼 왜 트릭스터일까? 우리는 트릭스터가 약간의 유머를 섞은 속임수로 사회적 관습에 대항하는 존재라고 생각한다. 동물을 잡아먹기보다는 주로 죽은 동물을 먹는다는 점 때문에 코요테가 교활한 동물로 여겨지는데, 이는 영리한 머리로 작은 체구라는 약점을 극복하는 방법이다. 또한 영리하고 적응을 잘하다 보니 덫으로 잡거나 근절하기가 어렵다. 보통 코요테는 큰 육식동물을 쫓아다니면서 사냥감 일부를 훔칠 기회를 노린다. 가령 곰이 짐승을 잡으면 코요테는 쏜살같이 달려가 포식자의 다리를 긁는다. 곰이 놀라고 어리둥절해서 잠시 먹이를 놓치면 코요테가 재빨리 그걸 들고 도망간다. 포악한 괴물이 보잘것없지만 교활한 동물에게 당하는 이런 장면이 사실 꽤 우습긴 하다. 이들의 행동을 계속 관찰하다 보면 코요테에게 유머 감각이 있다고 믿게 될 수도 있다. W. Robinson, "Some Observations on Coyote Predation in Yellowstone National Park," *Journal of Mammalogy* 33, no. 4, (1947), pp. 470~476 참고. 코요테 트릭스터의 특징은 생물 종 명명법에도 영향을 미쳐 다음과 같은 이름으로 자리 잡았다. *Canis latrans frustror*(꾀 많은 코요테), *Canis latrans cagottis*(비밀스러운 코요테), *clepticus*(도둑질), *impavidus*(겁 없는), *vigilis*(기민한). 모두 코요테가 예나 지금이나 서부 농장주들을 얼마나 괴롭혔는지 알려주는 형용사들이다.

11. P. Schaafsma, "Human Images and Blurring Boundaries: The Pueblo Body in Cosmological Context; Rock Art, Murals and Ceremonial Figures," *Cambridge Archaeological Journal* 28, no. 3, (2018), pp. 411~431은 디네 바하네에서 묘사하는, 다른 생명체 및 우주적 개체와 섞인 인간을 서사 형태보다는 그림으로 보여준다.

4장 태양을 창조한 아즈텍 영웅의 위대한 희생

1. 아즈텍족의 다섯 태양 이야기는 16세기 Fray Bernardino de Sahagún's *Florentine Codex: General History of the Things of New Spain*, trans. A. Anderson and C. Dibble, books 3 and 7, Monographs of the School of American Research, Santa Fe, 1978 and 1953, respectively에서 전한다. 특히 이 장에서 인용한 내용은 모두 *Book 7: The Sun, Moon, and Stars, and the Binding of the Years*, pp. 4~8을 참고했다.

5장 안데스 산맥에서 펼쳐진 가난한 신의 전투

1. J. Murra, "El control vertical de un máximo de pisos ecológicos en la economía de las sociedades andinas," in J. Murra, ed., *Vista de la Provincia de Leon de Huánuco*, vol. 2, (Huánuco, Peru: Universidad Hermilio Valdizán, 1972), pp. 429~476.

2. 신들이 마음에 안 드는 세상을 파괴하는 아즈텍족 창조이야기와 달리 안데스 산맥 신화에서는 불만족스러운 세상이 스스로 무너지는 것을 적절하다고 여긴다. 두 경우 모두 세상이 곧 신이다. 파리아 카카는 폭풍이고 나나우아친은 태양이다. 하지만 아즈텍 신화는 군국주의 제국이 세력을 강화하기 위해 자연의 힘을 빌려 만든 결과물이고, 활기찬 안데스 산맥 이야기는 자연과 가까이 사는 하층 농민들이 전하는 이야기다.

3. "구운 옥수수 줍는 사람" 또는 "감자 먹는 사람"은 우아티아 쿠리의 겉옷에 잘 어울리는 명칭이다. 그는 누더기를 입고 꼭 (아즈텍 영웅 나나우아친처럼) 감자같이 생겼다. 피부가 울퉁불퉁하고 얼룩덜룩하며 하얀 돌기까지 나서 외양은 흉하지만 속은 영양가로 가득하다. 안데스 산맥에서 나는 이 주식이 나중에는 전 세계의 많은 사람을 먹여 살린다.

4. F. Salomon and G. Urioste, trans. and ed., *The Huarochirí Manuscript: A Testament of Ancient and Colonial Andean Religion*, (Austin: University of Texas Press, 1991), p. 56. 원본은 약 1,600년경 아빌라의 예수회 프란치스코 사제가 원주민 정보원 크리스토발 초케카사Cristóbal Choquecasa에게 얻은 정보를 바탕으로 엮었다(파리아 카카가 아들을 보내 세상을 바꾼다는 내용은 기독교의 영향일 것이다).
5. 같은 책, pp. 57~58
6. 같은 책, p. 58
7. 같은 책, p. 59
8. 돌로 변한다는 뜻의 석화 작용에 대해서는 J. Dulanto, "Time and the Other: The Early Colonial Mythohistorical Landscapes of the Huarochirí Manuscript," in A. Aveni, ed., *The Measure and Meaning of Time in Mesoamerica and the Andes*, (Washington, DC: Dumbarton Oaks Center for Pre-Columbian Studies, 2015), ch. 8을 참고했다. 여기서 둘런토는 파리아 카카와 우아야요 카루인초가 오르내리며 대결한 경로를 지도로 그려놓고 이야기에 언급된 여러 우아카의 위치를 실제 풍경에서 표시한다.
9. Salomon and Urioste, *Huarochirí Manuscript*, p. 59.
10. 안데스 산맥 신화 정보를 더 알고 싶다면 G. Urton, *Inca Myths* (Austin: University of Texas Press, 1999) (게리 어튼, 임웅 옮김,《잉카 신화》, 범우사, 2003)을 참고하자. 상호보완적 이원성은 R. Harrison, *Signs, Songs, and Memory in the Andes: Translating Quechuan Language and Culture*, (Austin: University of Texas Press, 1989)를 참고하자.

6장 대지의 소금을 불러온 아마존 여신의 변신

1. 권력의 사용과 남용에 관한 이 이야기에는 파나마의 스미스소니언 열대연구소 연구원이자 인류학자인 페르난도 산토스 그라네로가 사용하는 광물 분류 체계인 '정신적 지도 제작'이라는 개념이 들어 있다. 산토스 그라네로가 남아라와크족 원로들에게 들은 많은 이야기 가운데 하나를 여기 간략하게 소개했다. F. Santos-Granero, "Arawakan Sacred Landscapes. Emplaced Myths, Place Rituals, and the Production of Locality of Western Amazonia," in E. Halbmayer and E. Mader, eds., *Kultur, Raum, Landschaft. Zur Bedeutung des Raumes in Zeiten der Globalität,* (Frankfurt: Brandes and Apsel Verlag, 2004), pp. 93~122를 참고했다.

제2부 물길

7장 바빌로니아 신은 어떻게 물과 인간을 지배했는가

1. 《에누마 엘리시》 낭송은 계절이 새로 시작되는 바빌로니아의 아키투 새해 축제에서 이뤄졌다. 종교적 관점에서 신들의 힘을 선언하는 것은 신전에서 부정적 힘을 내보내 악을 몰아내는 역할을 했다. 그러나 애국심을 고취한다는 이유도 있었다. 이 창조이야기 2부는 부계 중심 군사국가가 1부의 모계 중심 농경국가를 대체한다. 당시 세상의 강력한 질서를 극화한 것은 신들의 왕 마르두크에 대한 충성심을 키우고 사람들에게 거주지의 길운에 대한 확신을 주기 위해서였다. 뛰어난 정치 선전이다. 굶주림을 불러올 수 있는 변덕스러운 기후와 북쪽 침략자들의 위협을

두려워한 사람들은 마르두크 같은 권위주의적인 권력이 필요했다. 정해진 때마다 새롭게 모습을 바꾸는 천체와 마찬가지로 아키투 축제를 기념하는 사람들은 적어도 일 년 동안은 풍요로운 생활이 지속되기를 바라는 마음에서 마르두크에게 호소했다.

하지만《에누마 엘리시》를 관통하는 생태학적 맥락을 간과해서는 안 된다. 특히 시 낭송은 매해 봄 아르메니아와 쿠르디스탄의 산에서 눈이 녹으며 발생하는 범람을 방지하는 비법으로 간주됐다. "티아마트를 제압하시기를, 그녀의 삶에 고통을 주시기를, 그리고 그 삶을 짧게 끝내주시기를!" 마지막 점토판에 쓰인 이 글을 보면 사방의 물이 사납게 휘몰아치던 태고의 혼돈을 닮은 홍수의 위협이 떠오른다. A. Heidel, *The Babylonian Genesis*, 2nd ed. (Chicago: University of Chicago Press, 1951), tablet 7, line 132 참고. 홍수를 통제하는 데 도움이 되는 관개용수로 건설은 위대한 마르두크의 도시가 환경에 맞서 거둔 승리 가운데 하나다. 이 이야기가 처음 쓰였을 때 바빌론은 페르시아만 가까이에 있었다. 도시의 땅이 강물을 따라 만으로 흘러온 퇴적물에 의해 매년 자라났듯 《에누마 엘리시》의 대지도 그렇게 확장됐다.

우리가 부활절이나 유월절이라고 부르는 축일의 최초 단서는 기원전 24세기 바빌로니아의 아키투 축제로 거슬러 올라간다. 처음 이라크 남부 메소포타미아 도시 우르에서 기념했던 이 축제는 달과 춘분·추분을 기념하기 위한 것이었다. 바빌로니아는 학기와 비슷하게 6개월, 곧 반년을 두 번 세고, 첫째 달과 일곱째 달에 달 축제를 열었는데 이때를 니사누(3월, 4월)와 타스리투(9월, 10월) 보름달로 표기했다. 기원전 6세기 바빌론 유수幽囚 기간, 고대 히브리인들은 춘분과 추분을 한 해의 전환점으로 보는 개념을 받아들였다. 출애굽기 34장 22절에는 "칠칠절 곧 맥추의 초실절을 지키고 세말에는 수장절을 지키라"고 나와 있다. 왕들이 고투하는 새해의 무교절은 두 축제 중 첫 번째 축제와 결합하게 됐고 특히 이스라엘인들이 이를 강조했다. 모세는 야훼에게서 이스라엘인들이 보름달이 밝을 때 구속으로부터 벗어나 달아나야 한다는 지침을 받고, 가정마다 양을 죽인 후 그 피를 문설주에 뿌려 천사들에게 그 집의 맏이를 죽이지 않고 지나가달라는 표시를 하라고 일렀다. 시간이 없었던 그들은 긴 여행을 버티기 위해 누룩을 넣지 않은 빵을 준비해야 했다. 축제 날짜를 정하는 것은 몇 세기 동안 달력 담당자를 괴롭힌 복잡한 문제가 됐다. 자세한 설명은 내 책 *Book of the Year: A Brief History of the Seasonal Holidays*, (Oxford: Oxford University Press, 2003), ch. 5를 참고.

일신교 대 다신교, 말로 이룬 창조 대 행동으로 이룬 창조 등 심오한 차이에도 불구하고 일부 학자들은 《에누마 엘리시》와 훗날의 구약성경 사이에 유사점을 발견한다. 물이 가득한 혼돈이 하늘과 땅으로 갈라지고 혼돈을 부르는 명칭도 어원적으로 동일하며 창조 전에 빛이 존재한다. 더 나아가 점토판의 개수, 일곱은 달의 주기의 4분의 1이자 히브리인이 설명하는 창조에 걸린 기간(7일)과 똑같다.

2. 여기서 참고한 자료는 A. Heidel, *The Babylonian Genesis*, 2nd ed. (Chicago: University of Chicago Press, 1951)이다. 《에누마 엘리시》의 최초 판본의 제작 시기는 바빌로니아 제국 제1왕조(기원전 1830년경)다. 바빌론의 가장 유명한 왕 함무라비는 신들의 왕이자 후에 그리스의 제우스, 로마의 주피터가 되는 가장 중요한 영웅 마르두크를 묘사하면서 자신의 법전(가장 오래된 성문법)에서 다음과 같이 선언한다. "마르두크 신이 나에게 이 땅의 사람들이 적절하게 행동하도록 정당한 방법을 제시하라고 명령하므로 나는 진실과 정의를 구축해 이 땅을 선언하고 사람들의 행복을 강화했다." J. Unterman, *Justice for All: How the*

Jewish Bible Revolutionized Ethics, (Philadelphia: Jewish Publication Society, 2017), p. 20 참고. 함무라비 왕이 권력의 정점에서(기원전 1760년경) 이를 선언했을 당시 그는 오늘날의 이라크 북부 자그로스산부터 페르시아만에 이르는 티그리스강과 유프라테스강 계곡 전체를 군사력으로 장악했다. 또한 대규모 관개사업을 일으켜 해마다 일어나는 홍수를 통제했다. 우리에게 전해진 왕조의 역사를 살펴보면 함무라비는 힘으로 자연과 싸워 승리한 '마르두크의 실물 버전'이라 할 수 있다.

3. Heidel, *Babylonian Genesis*, tablet 1, line 16.
4. 같은 책, tablet 1, line 45.
5. 같은 책, tablet 4, lines 97~103.
6. 같은 책, tablet 4, lines 137~140.
7. 같은 책, tablet 5, lines 2~14.
8. "인간이 이해하기에 적절치 않은"은 같은 책 tablet 4, line 37을 참고했다. "일꾼들이 필요하다"는 E. Wasilewska가 자신의 *Creation Stories of the Middle East*, (London: Jessica Kingsley, 2000)에서 쓴 말이다. 여기서 논의한 주제를 더 상세하게 알고 싶다면 특히 pp. 87~90을 읽어볼 것을 권한다. 또한 M. Coogan, *Ancient Near Eastern Texts*, (Oxford: Oxford University Press, 2012), p. 144도 참고하자. "신들의 일을 맡기다"는 Heidel, *Babylonian Genesis*, tablet 6, line 34를 참고했다.

8장 나일강을 아우르는 모든 창조의 기원, 벤벤

1. A Gardiner, *Egyptian Grammar*, (Oxford: Oxford University Press, 1957), 3rd ed.
2. 나일강 삼각주 남쪽 끝의 하이집트에 위치한 헬리오폴리스는 기원전 3천 년대 초기―나중에는 라(레)가 된―태양신 아툼 숭배의 중심지였다.

이집트 창조의 네 가지 버전(발원지에 따라 여기서 이야기한 헬리오폴리스 이야기, 헤르모폴리스 이야기, 멤피스 이야기, 테베 이야기)은 모두 창조의 개념을 계속되는 진행 과정으로 본다. 자세한 비교는 E. Wasilewska, *Creation Stories of the Middle East*, esp. pp. 58~60 and pp. 144~146을 참고하자. 흥미롭게도 이집트식 창조는 대부분의 창조이야기와 달리 대지가 남성이고 하늘이 여성이다.

3. J. Wilson, "Egyptian Mortuary Texts, Myths, and Tales," in J. Pritchard, ed., *Ancient Near Eastern Texts Relating to the Old Testament*, (Princeton: Princeton University Press, 1950), pp. 6~7.

4. 선과 악, 태양과 달, 금과 은, 남성과 여성 등 짝을 생각해보자. 삶은 좋을 때와 나쁠 때가 있고 애증이 있으며 고통이 있어야 즐거움도 있다고들 한다. 우리는 감정이 연속선상의 일부로서 양극단을 반영한다고 정의하는가, 아니면 슬픔과 기쁨, 우울함과 희열 등이 서로 완전히 반대되는 것이라고 생각하는가? 나는 우리가 감정을 구조화하는 방법과 똑같이 자연을 구조화한다고 생각한다. 이런 이유로 신화는 때로는 세상을 한 쌍으로 묘사하고 때로는 반으로 쪼갠다. 그야말로 두 개로 분리되고 서로 정반대이면서도 상호보완적인 개체(반쪽 두 개)라고 보는 것이다. 우리는 이렇게 세상을 이원적으로 구분하는 신화, 특히 쌍둥이를 등장시키는 신화를 많이 찾을 수 있다. 또 안데스 산맥 신화의 수직 이원성을 떠올려보자. 서양 신화에서 이원적 구조를 잘 보여주는 경우가 사랑의 신 비너스의 양면성이다. 금성Venus이 아침과 저녁에 하늘에서 보여주는 태도는 인간이 상상할 수 있는 모든 사랑과 증오가 한 줄기 밝은 흰빛으로 의인화된 모습이다. 끝으로 '자웅동체hermaphrodite'(헤르메스Hermes+아프로디테Aphrodite)는 머큐리와 비너스의 그리스식 이름을 결합한 단어라는 것을 기억하자.

5. 일부 독자들은 여러 버전의 이집트 창조이야기에서 일어나는 급작스러운 대격변과 그와 비슷하게 병합이 일어나는 현대 빅뱅 이론 사이의 공명을 주목했을 것이다. 물론 빅뱅 이론의 병합은 전자와 양자의 충돌에서 중성자가 나타나는 훨씬 추상적인 이야기이긴 하다. 이 유사성은 피상적일 뿐이라는 게 내 견해다. 이미 배운 바와 같이 대변동은 말할 것도 없고 병합과 분리는 다양한 세계 문화의 많은 우주 진화론에서 나타나는 형태다.

6. B. Sproul, *Primal Myths: Creation Myths Around the World*, (San Francisco: Harper, 1979), p. 89. 기원전 약 2,600~2,100년 무덤 벽체, 관, 두루마리에서 나온 '피라미드 텍스트'는 이집트 창조이야기의 주요 출처다. 상대적으로 최근에 제작된 이 자료에는 2천 년 앞선 시기의 단편적인 신화가 풍부하게 들어 있다. 현대의 참고 자료와 편집본은 F. Fleming and A. Lothian, *The Way to Eternity: Egyptian Myth*, (Amsterdam: Time-Life, 1997), pp. 23~42, J. Allen, *The Ancient Pyramid Texts*, (*Writings from the Ancient World*), (Atlanta: Society of Biblical Literature, 2015); and A. Johnson Hodari and Y. McCalla Sobers, *Lifelines: The Black Book of Proverbs*, (New York: Broadway, 2009)가 있다.

7. 실루크족 신화는 P. Freund, *Myths of Creation*, (New York: Washington Square Press, 1965), p. 6 (필립 프런드, 김문호 옮김, 《창조신화》, 정신세계사, 2005)를 참고하자.

9장 거대한 나이저강이 되어 흐르는 사람의 아들, 만데

1. 바오밥나무는 많은 아프리카 창조이야기에 등장한다. 예를 들어 요루바 창조신은 대지의 흙에 바오밥 가루를 뿌려 비옥한 흙을 만든다. 샤먼은 모두 그 근처에 살며 주변에 자라는 것들을 모아 점치는 쟁반 위에

놓는다. D. Anderson, *The Origin of Life on Earth: An African Creation Myth*, (Mt. Airy, MD: Sights, 1991) 참고.
2. 만데[Mande, Mandé]는 사실 언어로 묶인 민족 집단으로 니제르와 나이지리아부터 해안 남서쪽에 이르는 넓은 서아프리카 지역에 퍼져 있다.
3. G. Dieterlen, "The Mande Creation Myth," *Africa: Journal of the International African Institute* 27, no. 2, (1957), p. 137.
4. 같은 책, p. 126
5. 같은 책, p. 128. 첫 폭우가 내린 후 별 두 개가 시리우스를 도는 것이 보였다고 한다. 두 별은 씨앗의 쌍둥이 후손을 나타냈다. 하나는 펨바의 남성 씨앗이고 다른 하나는 파로의 여성 씨앗이다. 일부 학자들은 시리우스와 관련된 쌍둥이 후손과 시리우스에 망원경으로는 볼 수 없는 희미한 동반별이 있다는 사실(1862년 정립된 이론)을 결합해 서아프리카인들, 특히 같은 어족에 속하는 도곤족이 외계의 존재에 대한 매우 비범한 지식을 습득했다고 생각했다. 내가 보기엔 시리우스의 성질에 대한 과학적 지식은 이 사람들과 소통한 예수회 선교사들에게서 왔을 가능성이 더 크다. 이야기 줄거리에 영향을 끼친 타 문화의 침입은 또 있다. 나일강의 정기적 범람을 예측할 때 시리우스를 관찰하는 일이 얼마나 중요한가 생각해보자. 유대교와 기독교의 영향은 방주에서도 자명하다. 그러나 홍수 이야기는 강과 연관성이 있고 쌍둥이라는 요소도 토착적이다.

10장 틀링깃족을 위기에서 구한 큰까마귀의 활약

1. J. Teit, "Tahltan Tales," *Journal of American Folklore* 32, (1919), pp. 198~250. 이 장에 선별한 이야기들은 틀링깃족 원로들이 이야기한 29개의 틀링깃 큰까마귀 시가[詩歌] 신화에서 왔다. 틀링깃족 이야기꾼들이 그리는 큰까마귀의 이미지는 괜한 상상이 아니다. 기술을 잘

쓰는 큰까마귀는 잔가지로 나무 구멍을 살펴 벌레를 찾기도 한다. 평균 60센티미터 길이의 날개로 휙휙 오르내리는 고등 비행도 매우 인상적이다. 큰까마귀는 자신감 있고 호기심이 많으며 무엇보다도 영리한 포식자다. 가령 짝을 지어 사냥하면서 종종 하나가 알을 품는 적의 주의를 빼앗는 동안 다른 한 놈이 몰래 둥지에 들어가서 알을 빼낸다(큰까마귀는 평생 짝을 바꾸지 않는다). 새소리를 흉내 내고 총소리가 들리는 곳으로 날아가 사체를 찾으려 하는 모습도 관찰됐다. 또한 막 죽은 동물을 물어뜯는 늑대를 더 작은 먹잇감으로 주의를 돌리게 해서 남겨진 먹이를 훔친다. 어떤 큰까마귀는 먹이가 없는 은신처를 만들어 보는 이를 속인다. 큰까마귀에 대한 설명은 L. Weber and J. Weber, *Nature Watch Big Bend: A Seasonal Guide*, (College Station: Texas A&M University Press, 2017), p.19에서 가져왔다. 더 많은 자료는 Central Council of the Tlingit and Haida Indian Tribes of Alaska (ccthita.org, 2020년 7월 14일 접속) 사이트를 추천한다. 신화의 예술적 표현은 프레스턴 싱글터리Preston Singletary의 블로그 prestonsingletary.com(2020년 7월 14일 접속)에서 찾을 수 있다.

2. Teit, "Tahltan Tales," p. 205. 어린 딸이 임신하는 일화는 보통 기독교의 '원죄 없는 잉태설'이 개입된 것으로 여겨진다. 나는 잘 모르겠다. 임신의 기원 문제는 다양한 문화의 창조 신화에서 제기된다. 임신을 설명하는 한 가지 논리적 설명 방식이 바로 마법 물질을 입으로 삼키는 것이다. 홍수 이야기도 비슷하게 종종 성경의 홍수 신화로 격하되지만 나는 지역에 기원을 둔다고 생각한다. 주로 알래스카에서 발생하는 지진을 통해 미국과 캐나다의 서쪽 해안에 쓰나미가 닥치면 바다가 극적으로 솟구치고 곤두박질친다. D. Vitaliano, "Geomythology: Geological Origins of Myths and Legends," in L. Piccardi and W. Masse, eds.,

Myth and Geology, (London: Geological Society Special Publications 273, 2007), pp. 1~7 참고.
3. Teit, "Tahltan Tales," pp. 201~202.
4. 같은 책, p. 206.
5. 같은 책, pp. 201~202.
6. 같은 책, p. 202.
7. 같은 책, pp. 202~203.

제3부 동굴

1. B. Sproul, *Primal Myths: Creation Myths Around the World*, (San Francisco: Harper, 1979), p. 22에서 변신을 죽은 나무의 변화에 비유한 저자에게 감사한다.

11장 꿈의 시대에 동굴 속에서 생명을 창조한 여신

1. 예를 들어 C. Berndt, "Mythology," in D. Horton, ed., *The Encyclopedia of Aboriginal Australia: Aboriginal and Torres Strait Islander History, Society and Culture*, (Canberra: Aboriginal Studies Press, 1994) 참고.
2. 이 이야기의 초판본은 W. Smith, *Myths and Legends of the Australian Aborigines*, (New York: Farrar and Rinehart, 1932), pp. 23~40에 등장한다. 호주 토착민들은 원주민을 다룬 책들이 백인들에 의해 그들이 아는 방식으로 저술되었고 원주민 서술자가 보는 현실은 거의 고려하지 않는다는 타당한 지적을 해왔다. 꿈의 시대 문헌 비평가로서 나는 2000 Adelaide University dissertation of Mary-Anne Gale: "Poor

Bugger Whitefella Got No Dreaming: The Representation and Appropriation of Published Dreaming Narratives with Special Reference to David Unaipon's Writings," in *Legendary Tales of the Australian Aborigines*, repr. ed. (Melbourne: Melbourne University Press, 2001)을 권한다. 게일은 내가 강조하고자 하는 주제인 풍경이 종종 이런 문헌에서 다뤄지지 않는다고 주장한다. 또한 이런 서사의 일부는 분명 기독교적 의미를 함축적으로 드러낸다고 지적한다(특히 게일의 책 6장 참고). 신화에서 풍경의 역할을 더 알아보려면 A. Howitt, *The Native Tribes of South-East Australia*, (London: Macmillan, 1904), pp. 426~434를 참고하자. 또한 여기서 다룬 신화는 D. Wolkstein, *Sun Mother Wakes the World: An Australian Creation Story*, (New York: HarperCollins, 2004)를 참고했다.

3. 이 이름은 그녀를 숭배하는 사우스오스트레일리아주 사람들의 이름에서 유래한다. 디에티Dietyi나 히이Yhi 같은 다른 이름은 호주 남동부에서 통한다. 킬라 윌파 니나의 의미에 대해서는('킬라'는 질, '윌파'는 구멍을 의미한다) Howitt, *Native Tribes*, p. 427, n. 6을 참고하자. 많은 호주 동굴이 아직 조사가 다 이뤄지지 않았다. 1988년 동굴 다이빙 탐험대원 15명이 널러버 평원 동굴 한 곳을 탐험하다가 사이클론 때문에 내린 폭우로 물이 2미터까지 차오르면서 동굴에 고립된 일이 있었다.

4. Smith, *Myths and Legends*, p. 36.

5. 호주에서 전해 내려오는 이야기는 대부분 창조의 힘이 서쪽에서 오지만, 대륙에서 동남아시아를 향하는 지역이자 마지막 빙하기 이후 이동의 본거지였던 호주 남서부의 사람들은 창조의 힘이 위에서 내려온다고 이야기한다. 지역 풍경의 요소를 확실히 알아볼 수 있고 행위가 일어나는 곳도 대부분 아래쪽, 특히 이곳에 많이 있는 동굴에서

일어나지만 이야기의 일부 요소는 기독교 식민지 개척자들의 영향을 받았을 수도 있다. 최초의 사람들과 동물들이 모인 언덕 꼭대기에 고음의 목소리가 울려 퍼지고 사람이 동물을 지배한다는 개념 등을 예로 들 수 있다. 먼지기둥 회오리는 그레이트빅토리아 사막에서 북쪽으로 부는 모래폭풍을 일컫는 것으로 보인다.

12장 지하세계와의 전투에 이은 마야족 생명의 새벽

1. 과테말라 북부 페텐 지역의 열대우림 지대에 거주하는 키체 마야족은 식민시대에 제작된 사본만 남아 있는 《포폴 부흐》가, 유카탄 반도에 위대한 마야 문명을 건설한 그들의 조상 키체 왕들이 이 고산지대의 고향을 떠나 카리브해로 순례를 떠나면서 일어난 일을 이야기한다고 말한다. 그들은 순례길을 가던 중에 첫 새벽이 오기 전 일어난 일과 그들의 조상들이 숲에서 신들의 영혼과 만난 일이 적힌 책을 발견했다. 그들은 이 책을 '생명의 새벽의 책'이라고 불렀다. 기원전 100년에 제작된 과테말라 북부의 열대우림 산바르톨로의 벽화에는 물속에서 무릎을 꿇은 남자가 옥수수 아기를 안고 있거나 거북 모양의 동굴에 물의 신 한 쌍이 왕좌에 앉아 있고 그 앞에서 옥수수 신이 춤을 추는 등 《포폴 부흐》에 나오는 장면과 매우 유사한 장면들이 있다. 영웅 후나흐푸로 가장하고 자신의 성기를 창으로 찔러 신성한 피를 제물로 바치는 왕의 형상은 지배권이 신에게서 나온다는 주장을 뒷받침한다.

2. D. Tedlock, *Popol Vuh: The Definitive Edition of the Mayan Book of the Dawn of Life and the Glories of Gods and Kings*, rev. and exp. ed. (1985; New York: Simon and Schuster, 1996).

3. 일테면 내 책 *Skywatchers of Ancient Mexico*, rev. ed. (Austin: University of Texas Press, 2001), esp. ch. 4를 참고하자.

4. A. Christenson, *Popol Vuh: The Sacred Book of the Maya*, (Norman: University of Oklahoma Press, 2003)도 추천한다.
5. Tedlock, *Popol Vuh*, p. 63.
6. 같은 책, p. 65.
7. 같은 책, pp. 67~68.
8. 같은 책.
9. 같은 책, p. 70.
10. 같은 책, p. 132, pp. 134~137.
11. 같은 책.
12. 같은 책, p. 138.

13장 신성한 동굴의 문을 지나 탄생한 잉카의 조상

1. 이곳에 간략하게 언급한 풍경의 실제 장소 및 출처는 잘 기록돼 있다. 예를 들어 고고학자 브라이언 바우어는 쿠스코 남쪽 파카릭탐보 지구의 고고학 유적지에서 최초의 반*신화적 잉카 왕 망코 카팍의 신탁 일부를 발견했다. 연대기에 나타난 오늘날의 탐보 토코를 도면으로 표시하면 이곳은 동굴이며 실제로 이 아래에는 동굴이 있다. 바우어는 신화의 의도가 당시 사회 질서의 기원으로 평범한 시공을 초월해 일어난 사건과 인간 존재의 범위를 넘어선 권력을 제시함으로써 당시 인간들의 행위로는 도전할 수 없다는 것을 보여주려 한 데 있다고 주장한다. 친족 집단은 자신들이 풍경에 따른 특정 경계에 구속된다고 생각하지 않는다. 바우어는 또한 그곳에서 쿠스코까지 내리막길을 따라간다. 이는 티티카카 호수에서 오는 길을 축소한 것과 비슷하다. 세계의 네 구역 중 하나인 코야수유 사분원의 호수가 현재의 페루 국경 근처인 볼리비아의 쿠스코에서 650킬로미터 떨어진 고도 3,800미터의 티티카카 호수라는

데는 의문의 여지가 없다. B. Bauer, "Pacariqtambo and the Mythical Origins of the Inca," *Latin American Antiquity* 2, no. 1 (1991), pp. 7~26 참고. 제국이 널리 알린 또 다른 버전의 잉카 창조이야기에서는 비라코차가 처음에 돌 거인족을 만든다. 하지만 이들은 이기적이고 욕심이 많았다. 그래서 비라코차가 인간을 만들었지만 이들도 탐탁지 않았다. 그는 홍수를 일으켜 많은 사람들을 죽였다. 이 모든 일이 그가 인티를 창조하기 전 일어났다. '아야르'는 케추아 구어 '아야(시체)'에서 온 말로 신화 속 조상들과 함께 미라가 되어 쿠스코 조상 사원에 모셔진 왕들을 연결하는 역할을 한다.

2. 잉카의 매듭 문자 체계가 완전히 해독되지 않았기 때문에 신화 속 처음 인간들이 벌이는 지하세계 여행은 스페인 연대기 편자의 조각 글을 통해서만 전해진다. 이 책에서 전하는 설명은 인류학자 Gary Urton의 저서 *Inca Myths*, (London: British Museum Press, 1999), pp. 34~37 and pp. 45~51 (게리 어튼, 임웅 옮김,《잉카 신화》, 범우사, 2003)을 참고했고 이 책은 상당 부분 P. Sarmiento de Gamboa, *The History of the Incas*, trans. B. Bauer and V. Smith, (1572; Austin: University of Texas Press, 2007)을 참고했다.

제4부 섬

1. 2019년 피지 근처를 항해하다가 바다에 떠오른 150킬로미터에 이르는 "부석 뗏목"을 본 선원들은 이를 "공깃돌부터 농구공 크기에 이르는 부석이 만든 돌무더기 유막"이라고 묘사했다. 2019년 8월 28일 ABC 뉴스, A. Chambers, "Sailors Encounter Floating Pumice 'Raft'

Drifting Across the Pacific Ocean," abcnews.go.com/International/sailors-encounter-floating-pumice-raft-drifting-pacific-ocean/story?id=65242139(2020년 7월 14일 접속) 참고.

14장 끊임없이 폭풍우와 싸우며 탄생한 천 개의 섬

1. J. Andersen, *Myths and Legends of the Polynesians*, (New York: Dover, 1995), p. 367. 마오리족 기원을 주로 다루는 이 이야기는 1855년 뉴질랜드의 조지 그레이 주지사가 뉴질랜드 북부 테 아라와 마오리 족장의 글을 참고하여 처음 출간한 한 폴리네시아 신화와 전설 모음집에 나온다(*Polynesian Mythology and Ancient Traditional History of the New Zealand Race, as Furnished by Their Priests and Chiefs*, published by John Murray in London). 구전으로 전하는 이야기를 외부인이 간접적으로 습득한 점을 감안하면, 이 모음집에서 세계의 부모 신화를 중심으로 한 토착 서사라고 명명한 이야기들을 살펴봤을 때 개작 과정에 숨어 있는 서양식 윤색을 짚어내기란 어렵지 않다. 예를 들어 자녀가 부모를 죽이려고 하는 내용이나 형제자매 사이의 경쟁은 바빌로니아의 《에누마 엘리시》와 그리스의 《신들의 계보》에도 등장한다. 하지만 가족 구성원 사이의 이런 긴장은 모든 인간 행위의 공통적 상황을 드러내기도 한다. 부모의 서로를 향한 사랑이 자식과 부모 사이의 사랑과 경쟁하는 것이다. R. Dixon, *Oceanic Mythology*, (Boston: Marshall Jones, 1916) 또한 참고하자.
2. Andersen, *Myths and Legends*, p. 368.
3. 신화에 구름 형태 분류가 등장하는 것은 놀라운 일이 아니다. 사방이 바다를 향해 뚫려 있어 종종 강한 바람과 돌풍에 시달리는 뉴질랜드에서는 날카로운 시선으로 다양한 구름의 모습을 관찰해야 한다.
4. 뉴질랜드 마오리족의 음식 재료로 쓰이는 '와나케'는 캐비지 야자나무

라고도 하는데, 야자나무와 매우 비슷하며 줄기 하나에서 단단하면서 길고 가는 잎이 자란다.

15장 마우이는 어떻게 하와이 제도를 들어 올렸나

1. 호쿨레아호 아카이브, archive.hokulea.com/traditionspaao.html(2020년 7월 14일 접속)에서 볼 수 있다.
2. 앞의 마우이 신화는 W. Westervelt, *Legends of Maui*, (Honolulu: Hawaiian Gazette, 1910)에서 가져왔다. 내 책 *Star Stories*(《별 이야기》) 7장에서 디즈니의 2016년 영화 〈모아나〉로 인기를 끈 마우이의 마법 갈고리를 따라 이름 붙인 별자리가 그의 위대한 속임수를 어떻게 기리는지 이야기한다. Aveni, *Star Stories: Constellations and People*, (New Haven: Yale University Press, 2019) (앤서니 애브니, 이영아 옮김, 《별 이야기》, 현암사, 2020)를 참고하자.
3. 아마도 지진으로 흔들린 기억을 반영하는 이 파닥거리는 물고기 이야기 버전은 J. Stimson, trans., "Tuamotuan Legends (Island of Anaa)," part 1: "The Demigods," *Bulletin* no. 148, (Honolulu: Bishop Museum, 1937)에 실려 있다.
4. 통가 사모아 버전 이야기는 J. Stair, "Jottings on the Mythology and Spirit-Lore of Old Samoa," *Journal of the Polynesian Society* 5, (1896), pp. 33~57, esp. p. 35에서 가져왔다. 이 신화들 사이의 관계와 섬들의 자세한 지리학과 지질학은 P. Nunn, "Fished Up or Thrown Down: The Geography of Pacific Island Origin Myths," *Annals of the Association of American Geographers* 93, no. 2, (2003), pp. 350~364를 참고하자. 낚시질과 던지기의 이분법은 넌의 연구에서 나왔다. 그의 연구는 신화 창작에서 환경의 역할에 대한 훌륭한 예를 제시한다.

16장 도부섬 사람들이 팔롤로 벌레를 먹는 이유

1. B. Malinowski, *Argonauts of the Western Pacific: An Account of Native Enterprise and Adventure in the Archipelagoes of Melanesian New Guinea*, (London: Routledge, 1922), pp. 301~302. 브로니스와프 말리노프스키는 인류학 분야의 창시자 가운데 하나로 인정받는다. 그는 인생의 대부분을 도부섬과 이와 관련된 집단을 연구하는 데 바친 후 이 책을 냈다.
2. R. Fortune, *Sorcerers of Dobu: The Social Anthropology of the Dobu Islanders of the Western Pacific*, (New York: Dutton, 1932).
3. S. McLean, "Stories and Cosmogonies: Imagining Creativity Beyond 'Nature' and 'Culture'," *Current Anthropology* 24, no. 2, (2009), pp. 213~245, esp. p. 217.
4. Fortune, *Sorcerers of Dobu*, p. 264.
5. 같은 책, p. 259. 팔롤로는 매년 10월 15일부터 11월 15일 사이 보름달이 뜬 후 열도의 최남단 바다 수면에 알을 낳는 해양 환형동물이다. 이곳 사람들은 이 달을 벌레의 이름을 따라 밀라말라 달이라 부르며 이때 얌 심는 시기를 선언하는 새해 축하 행사를 연다. 인류학자들의 발견에 따르면 같은 축제가 북쪽 섬에서는 한 달 일찍, 남쪽 섬에서는 두 달 일찍, 동쪽 섬에서는 석 달 일찍 열린다. 이 체계의 한 가지 신기한 점은 전역이 열두 달 또는 열세 달의 음력 주기를 지키면서도 실제로 열 달 이상 세는 지역은 없다는 점이다. 이 색다른 역법에 대한 자세한 논의가 내 책 *Empires of Time: Calendars, Clocks, and Cultures*, (New York: Basic, 1989), pp. 174~176에 나와 있다. 이 '휴식 시간'은 달력을 다시 시작하게 하는 자연계의 특이한 사건인 팔롤로 벌레의 출현에 따라 이동하는 가변적 기간이다. 이 체계는 로마인들이 카이사르 전, 달에 맞춰

시간을 지키던 방식과 크게 다르지 않다. 로마의 달력도 열 달이었는데 춘분이 있는 3월에 시작해서(계절의 시작에 맞춘 구조) 여덟째, 아홉째, 열째 삭망월(보름달이 된 때부터 다음 보름달이 될 때까지의 시간-옮긴이)에 끝났다. 이 달들의 라틴어명은 의외로 각각 옥토(버), 노벰(버), 디셈(버)이다(Octo, Novem, Decem은 각각 8, 9, 10을 뜻하지만 October, November, December는 10월, 11월, 12월이 된다-옮긴이) 열째 달 이후 도부력의 나머지 기간에는 다음 해가 시작할 때까지 음력으로 두 달, 때로는 석 달의 틈이 있었다. 달력에 포함되지 않는 이 기간은 들판에 일이 없어 일시적으로 중간에 낀 상태와 일치했고 이때 농부들은 자연에서 봄이 깨어나는 신호가 나타나 다시 순환이 시작되기를 꾹 참고 기다렸다. 우리는 어쩌다 태양력이나 계절에 따른 한 해가 절대적으로 '정확'하다고 생각하게 됐지만 이런 음력 기반 달력은 자연 현상의 흐름에 대한 최소한의 체계적 지식이 어떻게 복합적으로 실행 가능한 체계가 되는지, 어떻게 '이행'이 '지속'보다 중요해지는 체계로 구조화되는지 보여준다. 도부섬 사람들은 변화의 전조가 되는 사건을 주변 세계에서 찾았다. 이는 곧 살아남기 위해 반응해야 하는 시간의 이정표였다. 시리우스가 태양 가까이에 뜨는 시기가 이집트 나일강의 범람과 일치하듯이, 도부섬 사람들이 계절에 따른 순환 리듬을 감지한 이래로 팔롤로 벌레의 출현은 시간을 표시하는 역할을 하게 됐다.

6. Fortune, *Sorcerers of Dobu*, p. 259

17장 부부의 힘겨운 육아로부터 탄생한 일본 열도

1. W. Aston, *Nihongi: Chronicles of Japan from the Earliest Times to AD 697*, vol. 1, (1897; London: G. Allen and Unwin, 1956), pp. 1~34.
2. B. Sproul, *Primal Myths: Creation Myths Around the World*, (San

Francisco: Harper & Row, 1979), p. 213.
3. 같은 책.

18장 동물들의 도움으로 만들어진 호데노쇼니족의 섬

1. 이로쿼이라는 말은 휴런족Huron 이름을 프랑스말로 일컬은 데서 나왔으며 호데노쇼니족의 조상들 때문이라고 여겨진다. "검은 뱀"이라는 뜻의 경멸적 용어다.
2. 이 책에서 소개한 이야기는 뉴욕 쇼하리 카운티의 이로쿼이 박물관 자료와 공개 역사자료에서 얻은 이야기들을 혼합한 것이다. 주로 참고한 자료는 모호크족 이야기꾼 케이 올란이 들려준 "Creation: The Beginning" (i36466.wixsite.com/learninglonghouse/creation---kay-olan, 2020년 8월 7일 접속)과 C. Klinck and J. Talman, eds., *Journal of Major John Norton*, (Toronto: Champlain Society, 1970), pp. 88~91에서 찾은 1816년 판본이다. 또한 이로쿼이 인디언 박물관 웹사이트 iroquoismuseum.org(2020년 7월 14일 접속)에서 찾을 수 있는 "Three Versions of the Iroquois Creation Story"도 참고했다.
3. 나는 형제의 선악 이중성을 신과 악마의 관점에서 해석해 후자를 사탄으로 보는 이야기 형태는 제외했으나 이 장에 나오는 이야기 초반의 생명나무가 기독교의 개입을 암시하긴 한다. 하늘 여인의 임신도 원죄 없는 잉태를 암시한다. 인간들은 종종 세상의 보호자로 나타나고 하늘세계의 족장은 이야기에서 착한 형제에게 권한을 부여하는 기독교의 신으로 오해받기도 한다.
4. Klinck and Talman, *Journal of Major John Norton*, secs. 3.12~3.13.
5. 이 이야기는 '미국과 캐나다의 최초의 사람들, 거북섬'이라는 웹사이트의 이야기를 참고했다. http://firstpeople.us/FP-Html-Legends/Huron-

Creation-Myth-Wyandot.html(2020년 7월 14일 접속). 실제로는 와이언도트족Wyandot(휴런족) 이야기에서 왔다.

19장 체로키족 사람들은 왜 아이를 적게 낳았나

1. 이 장에서 다룬 체로키 창조이야기는 J. Mooney, "Myths of the Cherokee," *19th Annual Report of the Bureau of American Ethnology*, part 1, (Washington, DC: Government Printing Office, 1897~1898), pp. 239~240에서 아유니니 원로가 들려준 이야기로 맨 처음 출판됐다. 브루스 레일스백Bruce Railsback의 지구과학 자료 웹사이트 http://railsback.org/CS/CSIndex.html(2020년 8월 6일 접속)에서 볼 수 있는 *Creation Stories from Around the World*, 4th ed., July 2000도 참고했다.

2. 이웃 부족들이 이야기하는 기원 신화들은 체로키족 버전과 비슷하다. 예를 들어 남쪽으로 이주하기 전 17세기 후반까지 테네시강 계곡에 거주한 유치족 버전에서는 가재가 최초로 세계의 바닷속으로 진흙을 가지러 뛰어든다. 모계 혈통에서는 밝은 별과 달이 빛의 원천이 되는 데 실패한다. 하지만 태양인 초T'cho가 나타나 이야기한다. "너희들은 내 아이들이고 나는 너희들의 어머니다. 내가 빛이 되어 너희를 위해 빛나겠다." J. Swanton, "Creek Stories," *US Bureau of American Ethnology Bulletin* 88, no. 90, (Washington, DC: Government Printing Office, 1929), pp. 84~85 참고. 하지만 주목할 만한 차이점이 있으니, 괴물이 사람들을 공격한다는 것이다. 사람들이 괴물의 팔을 잘라 나무에 올려놓지만 이 팔은 괴물의 몸과 결합해 나무를 죽인다. 이 행태는 숲속의 나무들이 사실상 다 죽을 때까지 반복된다. 드디어 사람들은 괴물의 머리를 잘라 삼나무에 놓는다. 괴물의 피가 나무를 타고 흘러내리자 사람들은 위대한 약을 발견했다는 것을 알게 된다.

호데노쇼니족 신화의 산딸기 이야기와 비슷하다. 체로키족 신화에서 7이 반복되는 것과 기적적인 출산을 통해 사람의 기원이 시작됐다는 것은 서구의 개입일 것이다. 아래쪽 세상의 계절이 반대라는 개념은 남반구에 대한 지식이 있어서 이야기에 포함된 것인지 의문이다. 만일 그렇다면 그런 정보가 언제 소개됐는지 알기란 불투명하다.

제5부 극지방

20장 거인의 시체로 만들어진 세상의 기원과 종말

1. D. McCoy, *The Viking Spirit: An Introduction to Norse Mythology and Religion*, (CreateSpace Independent Publishing Platform, 2016)에 맥코이가 엮은 34개 북유럽 신화 가운데 대니얼 맥코이 버전의 북유럽 창조 신화를 여기에 실었다. 맥코이의 웹사이트 '똑똑한 사람들을 위한 북유럽 신화', norse-mythology.org도 참고했다. 다른 자료는 무료로 자료를 다운받을 수 있는 '만물의 시작: 북유럽 창조이야기' 웹사이트 https://www.studenthandouts.com/00/200004/beginning-of-things-nordic-germanic-creation-story.pdf(2020년 7월 14일 접속)가 있다. 고전판 이야기는 13세기 아이슬란드 역사가 스노리 스툴루손Snorri Sturluson의 《신新에다*Pros Edda*》에 등장한다. J. Byock, ed., *The Prose Edda*, (New York: Penguin, 2006) (스노리 스툴루손, 이민용 옮김, 《에다 이야기》, 을유문화사, 2013)을 참고하자.
2. 끝없는 겨울 신화는 북반구에서 단기간에 가장 혹독하게 얼어붙은 535~536년 사이의 기후에 관한 오랜 기억과 연관이 있을 것이다. 이

추위는 화산 분출이나 소행성의 영향으로 과도한 대기 먼지가 들어와서 일어났다. J. Gunn, *The Years Without Summer: Tracing A.D. 536 and Its Aftermath*, (Oxford: British Archaeological Reports International, 2000)을 참고하자.
3. 맥코이는 부활이 일어나지 않는다는 관점은 더 오래된 이교도의 관점이며 부활이 일어나는 버전은 이후 바이킹 시대(800~1066년)에 기독교의 영향을 통해 들어왔다고 생각한다(라그나뢰크와 요한계시록에 나오는 기독교의 아마겟돈 사이의 유사성은 분명하다). 북유럽 창조이야기는 궁극적 파괴로 끝나면서 일종의 절망을 보여주지만, 맥코이는 이런 결말의 의도가 재앙을 마주하여 무기력하게 주저앉기보다는 위엄과 명예와 용기를 가지고 운명을 마주하라고 독려하기 위한 것이라고 보았다.

21장 이누이트 조상들이 하늘에서 벌이는 축구 경기

1. 이누이트 이야기와 인터뷰의 주 출처는 J. MacDonald, *The Arctic Sky: Inuit Astronomy, Star Lore, and Legend*, (Toronto: Royal Ontario Museum and Nunavut Research Institute, 1998), esp. pp. 260~261과 K. Rasmussen, *The People of the Polar North: A Record*, (Philadelphia: Lippincott, 1908)이다. 이 장의 추가 자료는 W. Thalbitzer, "The Ammassalik Eskimo: Contributions to the Ethnology of East Greenland Natives," *Meddelelser om Grønland*, pp. 39~40, no. 1, (1914), B. Saladin d'Anglure, "The Mythology of the Inuit of the Central Arctic," in *American, African, and Old European Mythologies*, ed. Y. Bonnefoy, (Chicago: University of Chicago Press, 1993), pp. 25~32, B. Saladin d'Anglure, *Inuit Stories of Being and Rebirth: Gender, Shamanism,*

and the Third Sex, (Winnipeg: University of Manitoba Press, 2018), pp. 39~56이다.
2. K. Rasmussen, "Intellectual Culture of the Iglulik Eskimos," *Report of the Fifth Thule Expedition*, vol. 7, (Copenhagen, 1929), p. 352.
3. 출현과 변신 이미지, 영원한 삶에 따르는 경제적 문제, 큰까마귀의 등장은 다른 북아메리카 창조 신화에서 이미 살펴봤다. 이 요소들이 북쪽으로 이동한 것으로 보인다.
4. Rasmussen, "Intellectual Culture," p. 253.
5. MacDonald, *Arctic Sky*, p. 149, p. 151.
6. 같은 책, pp. 175~176.
7. 같은 책, pp. 287~288.
8. 예술작품에 표현된 이누이트의 영적 특성은 M. McGinnis, *Designs of Faith: Essays and Paintings on World Religions*, (CreateSpace Independent Publishing Platform, 2013)을 참고하자.

22장 지구 최남단 해협에서 벌어진 무서운 전투

1. C. Darwin, "Climate and Production," in *Journal of Researches*, (1845), p. 242는 Wikisource: https://en.wikisource.org/wiki/Page:Darwin_Journal_of_Researches.djvu/264(2020년 7월 14일 접속)에서 볼 수 있다. 하우시족과 상당한 시간을 함께하며 무인도에 동행하기노 했던 인류학자 앤 맥카예 채프먼이 전하는 이 이야기는 바람, 파도, 바위에 생명을 불어넣는다. A. MacKaye Chapman, "Where the Seas Clash: The Land of the Ancient Haush, Tierra del Fuego," *Karukinka Cuadernos Fueguinos* 3~5, (1973)을 참고했다. 영어 버전은 리드 재단의 웹사이트, thereedfoundation.org/rism/chapman/clash3.htm(2020년

7월 14일 접속)에서 볼 수 있다.

2. C. Furlong, "The Haush and Ona, Primitive Tribes of Tierra del Fuego," *Proceedings of the 19th International Congress of Americanists*, ed. F. Hodge, (Charleston, SC: Nabu Press, 2010), pp. 432~444에서 그 밖의 신화를 추가로 찾을 수 있다. 자연의 변덕스러움이 야간족Yaghan(본토 서쪽의 부족) 따오기 이야기와 빙하 기원에서 드러난다. 이 이야기는 U. Calderón and C. Calderón, *Hai kur Mamašu shis (Quièro contarte un cuento)*, (Valdivia, Chile: Ediciones Kultrún, 2005), pp. 29~30에 있다. P. Grendi, trans., *Yaghan's Explorers and Settlers: 10,000 Years of Southern Tierra del Fuego Archipelago History* (museum permanent exhibit script), Martin Gusinde Anthropological Museum, Puerto Williams, Chile, 2008, 24도 참고하자.

나오는 글

1. 디오도로스의 창조이야기에는 현대 과학이 자연계의 진리를 평가하는 방법에서 큰 진전을 가능하게 한 한 가지가 빠져 있다. 바로 실험이다. 검증 기술은 15세기 유럽의 르네상스에 이르러서야 개발됐다. 현대 과학은 세계의 지식을 검증하기 위해 (이제는 기술적으로 보강된) 감각으로 접근할 수 있는 자연 활동의 양상에 물리적으로 개입하고 이를 실험하고 분석한다. 과학자들은 그들이 자연에 부과한 실험 결과가 관찰된 현상을 설명하기 위해 제안한 아이디어를 뒷받침하는지 (우리는 이를 '이론'이라고 부른다) 아주 상세하게 직접 확인해야 한다. 하지만 타당하다고 생각되는 것이 정립된 상식 규범에서 너무 벗어나면 안 된다. 그리고 실험이 실패하면 이론을 바꾸고 추가 실험을 고안해야 한다. 이것이 과학 실무자들이 종교처럼 신봉하는 이른바 '과학적 방법'이다.

2. E. Thayer, ed., *The Library of Diodorus Siculus*, Loeb Classical Library (London: Heinemann, 1933), vol. 1, bk. 1.
3. 같은 책, vol. 1, bk. 7, p. 1.
4. 같은 책, vol. 1, bk. 7, p. 3.
5. 같은 책, vol. 1, bk. 8, p. 8.
6. 이 부분은 내가 직접 썼다.

그림 출처

31쪽 Hartmann Schedel, *Liber Chronicarium mundi*. 왼쪽: 하인츠요제프 뤼킹의 사진, 오른쪽: 워싱턴 D.C. 의회도서관 특수장서부 레싱 J. 로젠월드컬렉션 제공.

52쪽 Edward Lear, *Mount Olympus from Larissa*, Thessaly, Greece, 1850~1885. 칼 셀덴 기념 플로렌스 셀덴 재단 증정, 1996. 뉴욕 메트로폴리탄미술관, 1996.205.

64쪽 C. Williams, *Outlines of Chinese Symbolism and Art Motives*, (Shanghai, 1941).

71쪽 Illustration by Pat Aveni.

80쪽 Thomas from USA / CC BY 2.0.

86쪽 A. Aveni, *Empires of Time: Calendars, Clocks, and Cultures*, (New York: Basic, 1989).

96쪽 Cordillera Pariacaca / CC BY 3.0.

119쪽 Austen Henry Layard, "Bas-reliefs at an entrance to a small temple(Nimroud)," *A Second Series of the Monuments of Nineveh*, 뉴욕 공공도서관 디지털컬렉션 통합연구부서 제공, http://digitalcollections.nypl.org/items/510d47dc-4726-a3d9-e040-e00a18064a99, 2020년 5월 4일 접속.

124쪽   NASA.

132쪽   Data available from the U.S. Geological Survey.

163쪽   Frederick Catherwood, *Mayas descend into the cenote at Bolonchén, Yucatán*, London, 1843.

174쪽   Felipe Guaman Poma de Ayala, *El Primer Nueva Corónica y buen gobierno por Felipe Guaman Poma de Ayala*. Courtesy of Siglo XXI Editores.

191쪽   Courtesy of Jacques Descloitres, MODIS Land Rapid Response Team at NASA GSFC, NASA Earth Observatory.

205쪽   Kobayashi Eitaku, *Izanami and Izanagi Creating the Japanese Islands*, mid-1880s, William Sturgis Bigelow Collection, photograph copyright © Museum of Fine Arts, Boston.

212쪽   Illustration by John Kahionhes Fadden.

228쪽   Lorenz Frølich, *Odin, Vili, and Vé Create the World Out of Ymir's Body*.

253쪽   Eric Gaba, Wikimedia Commons user Sting / CC BY-SA.

천 개의 우주

우리가 잃어버린 세상의 모든 창조 신화 22

1판 1쇄 인쇄 2022년 3월 2일
1판 1쇄 발행 2022년 3월 9일

지은이 앤서니 애브니
옮긴이 이초희
펴낸이 고병욱

책임편집 김경수 **기획편집** 허태영
마케팅 이일권 김윤성 김도연 김재욱 이애주 오정민
디자인 공희 진미나 백은주 **외서기획** 김혜은
제작 김기창 **관리** 주동은 조재언 **총무** 문준기 노재경 송민진

펴낸곳 청림출판(주)
등록 제1989-000026호

본사 06048 서울시 강남구 도산대로 38길 11 청림출판(주)
제2사옥 10881 경기도 파주시 회동길 173 청림아트스페이스
전화 02-546-4741 **팩스** 02-546-8053

홈페이지 www.chungrim.com
이메일 cr2@chungrim.com
페이스북 https://www.facebook.com/chusubat

ISBN 979-11-5540-203-0 03900

- 이 책은 저작권법에 따라 보호를 받는 저작물이므로 무단전재와 무단복제를 금합니다.
- 책값은 뒤표지에 있습니다. 잘못된 책은 구입하신 서점에서 바꿔 드립니다.
- 추수밭은 청림출판(주)의 인문 교양도서 전문 브랜드입니다.